# TRANSFORMANDO EL SISTEMA
# HAREMOS HISTORIA

*La propuesta 3x3, ABC*
*para gobernar sin ideologías*

QUETZALCÓATL

# TRANSFORMANDO EL SISTEMA
# HAREMOS HISTORIA

## La propuesta 3x3, ABC
## para gobernar sin ideologías

*Del presidencialismo a los precursores de un nuevo
sistema educativo y de gobierno, democráticos*

## Benito Quetzalcóatl

Número de Control de la Biblioteca del Congreso de EE. UU.:        2019941866
ISBN:            Tapa Dura                                978-1-5065-2886-1
                 Tapa Blanda                              978-1-5065-2887-8
                 Libro Electrónico                        978-1-5065-2888-5

**Para realizar pedidos de este libro, contacte con:**
Palibrio
1663 Liberty Drive, Suite 200
Bloomington, IN 47403
Gratis desde EE. UU. al 877.407.5847
Gratis desde México al 01.800.288.2243
Gratis desde España al 900.866.949
Desde otro país al +1.812.671.9757
Fax: 01.812.355.1576
ventas@palibrio.com
796216

# ÍNDICE

## PRIMERA PARTE

## SEGUNDA PARTE

# ACLARACIÓN

Las dos propuestas de Nuevo Concepto Educativo y de Nuevo Sistema de Gobierno que aquí se presentan son propuestas ciudadanas, por lo tanto no tienen ninguna tendencia ideológica o partidista. Lo que las propuestas pretenden es que la democracia se consolide en la innovación educativa y en un nuevo Sistema de Gobierno.

En el aspecto pedagógico estas propuestas tienen como base fundamental las investigaciones del Maestro Luis Herrera y Montes, ex Director del Instituto Nacional de Pedagogía, autor del libro *Psicología del Aprendizaje y Metodología de la Enseñanza.*

Estas propuestas no están agotadas, solo están delineadas a nivel descriptivo para que sean implementadas y desarrolladas por profesionistas expertos del Estado, que deben serlo en administración y desarrollo de instituciones públicas y privadas, en materias de: Democracia Económica, Democracia Política y Democracia Social, para convertirlas en explicativas, prescriptivas y predictivas.

El ensayo cuenta con el registro de los derechos de autor correspondientes y puede ser implementado por los Poderes Ejecutivo y Legislativo, con el reconocimiento de la fuente bibliográfica, como texto educativo para padres y madres de familia, y como bitácora de sistema de gobierno.

Estas propuestas de Nuevo Concepto Educativo y Nuevo Sistema de Gobierno, son una convocatoria abierta a los ciudadanos y ciudadanas a que participen en actividades democráticas de: educación, cultura, economía, política y sociales; por lo tanto, aceptan la somestesia del voto popular para su implementación, incluyendo los votos de niños, niñas, adolecentes, jóvenes, adultos y adultos mayores.

En la democracia la participación y el voto del pueblo ayudan a mantener a la nación saludable, joven y fuerte; también contribuyen a modificar costumbres, creencias y prejuicios del sentido común, de manera profesional, científica, bien dirigida, con orden y armonía.

Este trabajo es laico y por lo tanto va a evolucionar dentro de sus propios parámetros.

El propósito es que con este texto los padres y madres de familia tengan la posibilidad de realizar un curso propedéutico como requisito para inscribir a sus hijos e hijas en todos los niveles educativos, desde preescolar hasta licenciatura. El objetivo es iniciarlos en los principios básicos de la pedagogía para que participen como una extensión del magisterio en las familias en beneficio de los estudiantes. Los padres y madres de familia pueden ser los mejores maestros y maestras de sus hijos e hijas, si se les proporcionan los elementos pedagógicos necesarios. Otro propósito es que tomen conciencia de que la participación ciudadana es de vital importancia en la creación de un Nuevo Sistema Educativo y de un Nuevo Sistema de Gobierno Democrático y Científico, sin ideologías (sin realidades alternativas).

Este trabajo es el resultado de varias investigaciones bibliográficas, teniendo como eje rector las investigaciones del Maestro Luis Herrera y Montes; incluidos diversos periódicos; reportajes de televisión; internet; revistas como *Muy Interesante, Año Cero*; y enciclopedias, entre otras, cotejadas con la realidad cotidiana y vigente. A este ensayo se le ha dado en todos los casos un carácter de autenticidad y originalidad.

En lo relativo a los Sistemas específicos, de Concepto Educativo y de Sistema de Gobierno, las propuestas son originales del autor, esperando que puedan ser implementadas y aterrizadas por el Estado, de la mejor manera posible.

En esencia, lo que se espera de este ensayo es que sirva de puente de entendimiento entre el pueblo y el Gobierno, y para que los ciudadanos tengan bases de opinión en la creación de un Concepto Educativo y de un Sistema de Gobierno, independientemente de tendencias políticas o ideológicas.

# PRELUDIO

Mientras lees este breve ensayo, sería bueno que escucharas alguna melodía como: *Huapango,* de Moncayo; *Himno a la Alegría,* de Beethoven, *9a. Sinfonía* (con letra); *Yo Tengo Fe,* con Palito Ortega, o cualquier otra de tu preferencia.

MOTIVACIONES:

- Si queremos construir un gran edificio debemos escarbar profundo.
- El que siembra esperanzas cosecha realidades.
- Un sueño es imaginar y proyectar todo lo que es posible en la realidad.
- Los sueños existen en el mundo de la metafísica.
- Si queremos llegar lejos, tenemos que dar el primer paso.
- Ser equilibrados no significa ser tibios.
- La vida es eterna, nunca se hace vieja, se renueva constantemente con cada acto de amor reproductivo.
- Las grandes ideas pueden nacer en cualquier cuna.
- La solución de los problemas da como resultado el aprendizaje

# PRÓLOGO

## BIENVENIDOS LOS QUE NUNCA SE HAN IDO

Esta propuesta de Nuevo Concepto Educativo y de Gobierno es un saludo de bienvenida a los indígenas, origino-americanos, que nunca se han ido porque siempre han estado presentes.

Los ciudadanos somos las células de la sociedad y de la nación, los municipios son los órganos de la nación; si se quiere de la nación el libre desarrollo de su personalidad democrática, se debe empezar por facilitar el libre desarrollo de la personalidad democrática de los pueblos indígenas origino-americanos, y los no indígenas en los municipios.

Cualquier forma de condicionamiento, prepotencia, bloqueo, discriminación, marginación, distorsión del libre desarrollo de la personalidad democrática de los pueblos y ciudadanos, debe ser considerada como una agresión psicológica, moral y emocional, igual o más grave que las agresiones físicas de lesa humanidad o el genocidio.

Los dirigentes indígenas y no indígenas, no se deben desgastar políticamente, ni ellos ni sus seguidores, atacando al capitalismo, al neoliberalismo, al comunismo, al socialismo, a la izquierda, a la derecha, ya que todos esos "ismos" son formas de gobiernos paternalistas, doctrinarios, maniqueos.

Los dirigentes indígenas y sus intelectuales, lo que pueden hacer es: buscar y encontrar las fórmulas democráticas que les permitan crecer y desarrollarse libremente, a su máxima capacidad, dentro de la democracia política, la democracia económica, la democracia social, y cuando esas formas democráticas de gobierno, puestas en práctica por ellos mismos, crezcan, se fortalezcan y sean vigorosas en toda la nación, entonces todas las demás formas de gobierno se transformarán, porque nada se pierde, todo se transforma.

**LAS PROPUESTAS DE NUEVO CONCEPTO EDUCATIVO Y DE GOBIERNO QUE SE PRESENTAN EN ESTE ENSAYO, SON PROPUESTAS DE PISO PAREJO PARA TODAS LAS CLASES SOCIALES.**

Este ensayo está escrito de manera que pueda ser entendido por los padres y madres de familia de todos los niveles educativos y culturales; y los padres y madres de familia que no sepan leer ni escribir o que no hablen el español, tienen derecho a que se les trasmita verbalmente su contenido sin alterarlo.

# INTRODUCCIÓN

## NUESTRA CAPACIDAD DE TRANSFORMACIÓN

Los seres humanos tenemos múltiples inteligencias, aquí vamos a mencionar algunas: primero, las inteligencias ligadas al mundo físico o tangible, son las inteligencias de los sentidos: la vista, el tacto, el oído, el olfato, el gusto; junto a ellas están las inteligencias abstractas: la imaginación, el pensamiento, la razón, el entendimiento, la reflexión, la deducción, la orientación, la cenestesia, el instinto, la intuición, la emoción, la paciencia, la voluntad, la decisión, entre otras; y también las metafísicas o espirituales: el amor, la fe, la esperanza, la virtud, la rectitud, la ética, la moral, la verdad; y algunas facultades especiales, llamadas de sexto sentido, como la telepatía, la clarividencia, la profecía, la proyección, la telequinesis, los sueños. Debemos tener en cuenta que todas las inteligencias positivas humanas tienen su cualidad antónima, por ejemplo: vista-ceguera, oído-sordera, amor-odio, esperanza-frustración, emoción-desilusión, paciencia-ansiedad. Las inteligencias abstractas están en un punto intermedio entre las inteligencias físicas y las metafísicas, o sea que pueden jugar de árbitros y también de líderes, y además todas las inteligencias de una persona se pueden relacionar con las inteligencias de otras personas, y también con las inteligencias de cualquier otro ser existente, como el sol, los astros, la naturaleza, el tiempo, el espacio y los cuatro elementos: tierra, agua, fuego, aire, que se mantienen en contacto con todas nuestras inteligencias conscientes e inconscientes, tangibles e intangibles.

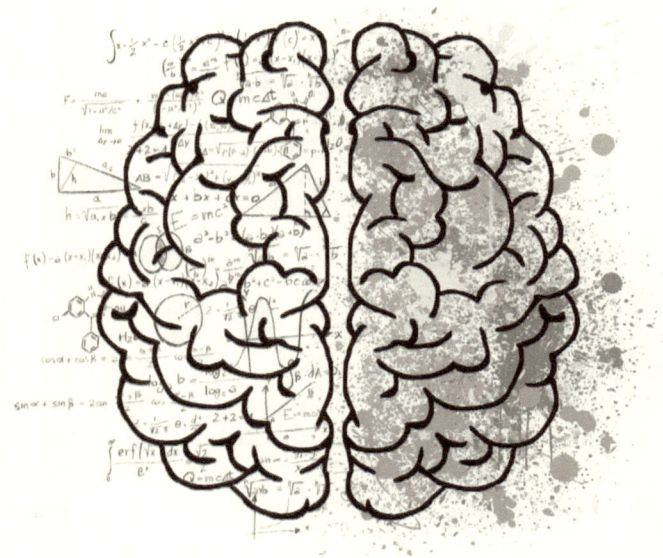

# UN MODELO HOLISTA DE LA INTELIGENCIA
## Los tres niveles de la inteligencia

Ojo de la conciencia
Inteligencia Espiritual
Nivel III

Ojo de la mente
Inteligencia Cognitiva
Nivel II

Ojo de la carne
Inteligencia
Emocional
Nivel I

Zonas de la
inteligencias
múltiples

Según
Howard
Gardner

Ligada entre todas las inteligencias está la inteligencia informativa: el lenguaje hablado, escrito, mímico, corporal, mental.

Todas estas inteligencias son facultades naturales inherentes a todos los seres humanos, sin importar su nivel educativo o cultural, aunque en algunas personas parecen estar más desarrolladas que en otras, esto se debe a la dedicación y al esfuerzo individual de cada persona en su formación educativa o en alguna actividad laboral, y es muy importante hacer énfasis en el esfuerzo mental que hace cada persona de manera autodidacta.

La forma en que nuestras inteligencias estén organizadas y armonizadas dentro de nosotros es lo que determina nuestro carácter y nuestro destino.

El carácter es el conjunto de pensamientos en nuestra imaginación que nos indican la forma en que tomamos decisiones para cumplir un sueño, un deseo, un anhelo, un gusto, un capricho. En la toma de decisiones se ponen en actividad un conjunto de impulsos, emociones e ideas, que nos sirven para fijarnos metas y objetivos de acuerdo con nuestras circunstancias de vida individual y social. Si decidimos iniciar un plan de estudios o una actividad laboral con fines de superación personal, necesitamos carácter.

Los niños y las niñas moldean su carácter influidos por el ambiente del hogar, la familia, las amistades, la escuela, las costumbres, la cultura.

Los jóvenes y los adultos pueden moldear, si tienen voluntad, su propio carácter, aun en circunstancias adversas. Pueden transformar su mente de la mejor manera, superando cualquier dificultad que se les presente.

LOS JÓVENES Y LOS ADULTOS QUE SON CAPACES DE TRANSFORMARSE A SÍ MISMOS, PUEDEN TRANSFORMAR TAMBIÉN SU AMBIENTE Y SUS CIRCUNSTANCIAS.

# PRIMERA PARTE

## 1

## LA EDUCACIÓN DEMOCRÁTICA

*La educación será* DEMOCRÁTICA Y DE CALIDAD *para el constante mejoramiento económico, social y cultural de todos.*
*Artículo 3o. constitucional*

### 1.1. EL LIBRE DESARROLLO EDUCATIVO DE LOS ESTUDIANTES.

Los Directivos de las Escuelas, Institutos y Universidades; los educadores, maestros y maestras; y los padres y madres de familia, deben dejar de ser doctrinarios, memoristas, dogmáticos, dictativos, en las materias que enseñan a los estudiantes, y pasar a ser coordinadores del esfuerzo autodidacta de los educandos, en el libre desarrollo democrático de su personalidad educativa.

Todas las materias de estudio tienen una fórmula lúdica (juegos) de aprendizaje, la habilidad está en encontrar en los juegos la metodología didáctica que los maestros y maestras puedan utilizar en la educación de los estudiantes.

En un sistema lúdico de enseñanza las reglas del juego son muy importantes, porque los estudiantes participan y cooperan y los maestros y maestras son guías, árbitros y líderes.

En lugar de una educación aburrida y cansada, debe darse una educación emotiva y excitante, podría decirse que hasta apasionante, en la que los padres y madres de familia puedan participar como principales guías y orientadores de sus hijos.

1

## 1.2. LOS ANIMALES, CONEJILLOS DE INDIAS EN LA EDUCACIÓN.

Todos en nuestra casa o en nuestra localidad hemos tenido contacto con algún animal, en los zoológicos se pueden ver animales de todas partes del mundo, y en los circos de México se podían apreciar animales amaestrados y podría decirse que hasta educados.

En experimentos educativos con toda clase de animales que han hecho los estudiosos del aprendizaje para comprender el aprendizaje en los seres humanos, se ha encontrado que el aprendizaje de perros, gatos, peces, monos y muchos otros, tiene efecto como consecuencia de la práctica en la solución de problemas, pues con las actividades van eliminando los errores y van perfeccionando los aciertos en un proceso en el que interviene el sistema motriz y la percepción sensorial. Este aprendizaje ha dado como resultado la tesis del MAESTRO LUIS HERRERA Y MONTES, EX DIRECTOR DEL INSTITUTO NACIONAL DE PEDAGOGÍA, DE QUE EL APRENDIZAJE EN LOS ANIMALES SIGNIFICA: EL DOMINIO DE LUGARES Y LA LOCALIZACIÓN DE COSAS, COMO CONSECUENCIA DE LA OBSERVACIÓN Y LAS ACTIVIDADES DIRIGIDAS A ENCONTRAR SOLUCIONES A LOS PROBLEMAS, TAMBIÉN POR LA PREVISIÓN ANTICIPADA DE LAS CONSECUENCIAS EN UNA SERIE DE ACTOS.

El primer requisito para el aprendizaje en los animales es la disposición hacia objetivos (cumplir un deseo) o necesidades (satisfacer un apetito); el segundo requisito es tener un obstáculo o problema complejo que resolver, sin este requisito es imposible que los animales aprendan; en tercer lugar se necesita una persistente observación que le permita el dominio de la situación, la localización de las cosas y los lugares; en cuarto lugar la repetición de gestos, acciones o palabras estereotipadas que en los animales es una forma rara y extrema de aprendizaje; en todos los casos EL APRENDIZAJE PROCEDE DE LA CAPTACIÓN DE HECHOS Y COSAS QUE SE RELACIONAN ENTRE SÍ.

Hay casos en que los animales aprenden a ciegas; en otros casos los animales aprenden por la percepción de relaciones; en los dos casos hay actividad azarosa y actividad inteligente. La diferencia más significativa en el proceso del aprendizaje lo representan las experiencias previas, en estos casos el aprendizaje es una percepción retrospectiva de los hechos, que dan a la vez una visión anticipada de los resultados, como consecuencia de las actividades realizadas y experimentadas ya aprendidas, en este punto se ha encontrado una gran semejanza del aprendizaje entre los animales y los seres humanos, unos y otros presentan la misma tendencia o disposición de seguir objetivos precisos como condición necesaria para el verdadero aprendizaje.

Para alcanzar los objetivos y propósitos de aprendizaje es necesario resolver problemas y vencer obstáculos, la solución de problemas es la condición necesaria indispensable para consolidar el verdadero aprendizaje. Sin problemas que resolver no hay aprendizaje, si la mente no trabaja, si no se esfuerza, si no se motiva, si no tiene estímulos, tampoco hay aprendizaje.

Aunque el aprendizaje en los seres humanos es más complejo, los hechos esenciales que se encuentran en los animales son los mismos que en los seres humanos; las diferencias entre los animales y los seres humanos radican en que los seres humanos podemos concientizar y razonar nuestro aprendizaje.

## 1.3. DEFINICIONES.

LA CONCIENCIA: es la facultad que tenemos los seres humanos para estudiarnos a nosotros mismos y al mundo que nos rodea; tener conciencia de nuestra existencia, situaciones, formas, hechos, causas, capacidades, principios morales; las personas con conciencia moral conocen el bien y actúan en consecuencia haciendo el bien, son personas íntegras, sólidas, que no defraudan ni engañan a nadie, participan en la sociedad aceptando los valores que la rigen, haciéndolos suyos, y por medio de ellos se relacionan con los demás seres humanos, haciendo de los valores humanos el medio ambiente social en que se desarrollan por medio de la razón concientizada.

EL RAZONAMIENTO: es la facultad humana que tenemos para pensar y expresar con palabras nuestros conocimientos, sentimientos, ideas, propósitos, sustentándolos con argumentos justificados, aportando pruebas de hechos, actos y cosas, explicando los motivos por los que aceptamos o rechazamos los acontecimientos que se nos presentan o que estudiamos. La razón nos sirve para conocer y ordenar nuestras experiencias, nuestras tendencias, nuestra conducta, frente a los hechos y cosas de la realidad con la que tenemos contacto; nos lleva a tener un mejor entendimiento del mundo y del universo; nos permite acumular un conjunto de conceptos que se integran en la memoria de nuestro cerebro, y de allí los proyectamos al exterior de manera intelectual y psicofísica.

EL ENTENDIMIENTO: es la forma en que la inteligencia se expande para profundizar, percibir y comprender, el sentido o significado de los hechos y de las cosas, de manera intelectual. Nos sirve para imaginar y resolver problemas, entender las causas de algún evento y proyectar sus consecuencias; nos sirve para investigar y conocer las formas y modos de ser de las personas y de la sociedad, sus intenciones y motivos. Nos permite suponer los acontecimientos, formular opiniones, hacernos juicios sobre lo que escuchamos, lo que leemos y observamos; nos permite tener conocimiento científico de las cosas y de los hechos. En el aspecto social el entendimiento nos ayuda a comprender a los demás y a nosotros mismos.

LA INTELIGENCIA: es la facultad que tenemos los seres humanos para entender y comprender todo tipo de problemas y resolverlos.

## 1.4. LA INTELIGENCIA EN LOS NIÑOS Y EN LAS NIÑAS.

El desarrollo de la inteligencia de los niños y las niñas, ha sido, y sigue siendo estudiado y teorizado por múltiples investigadores, entre ellos cuatro psicólogos de finales del siglo XIX y principios del XX: el francés Henri Wallon (1879-1962), autor del libro *La evolución psicológica del niño*; el suizo Jean Piaget (1896-1980), fundador de la Epistemología Genética: Teoría del Conocimiento y la Inteligencia en los niños; el ruso Lev Vygotski (1896- 1934), con su teoría del desarrollo del pensamiento y el lenguaje; el austriaco Sigmund Freud (1856-1939), con la teoría de la líbido.

Lo que estos psicólogos encontraron en sus investigaciones se puede interpretar de la siguiente manera (aunque no se pueden establecer edades fijas en este tema): La inteligencia humana es una aptitud progresiva, en varios niveles, de acuerdo con la edad de niños y niñas.

En el primer nivel, a partir del nacimiento hasta los 2 años, los niños y las niñas están en la etapa de los actos reflejos, reaccionan por motivaciones internas, sensoriales y motrices, ante estímulos externos, como la luz, los sonidos, el tacto, las necesidades de alimentarse y desalojar.

En el siguiente nivel, de 2 a 6 años, se encuentran en una etapa egocéntrica, sienten que todo gira en torno de ellos y que son el centro del universo, esta percepción la combinan con las primeras concientizaciones concretas de las cosas; empiezan a diferenciar las partes del todo y de las circunstancias, a las que necesariamente se van adaptando; elaboran ideas y pensamientos lógicos que pueden trasmitir y entender con palabras.

En el tercer nivel, de los 6 a los 12 años, su adaptación a las circunstancias se consolida, empiezan a entender signos y símbolos, se amplía su relación con las cosas, las personas y los hechos, pueden imaginar, razonar y reflexionar sobre lo que observan y con lo que tienen contacto; perciben las cualidades de los objetos, los comparan y clasifican, elaboran conceptos más formales; adquieren mayor conciencia de sí mismos y del mundo que los rodea.

En el cuarto nivel, de los 12 años en adelante, su pensamiento se fortalece, pueden resolver problemas concretos y dar soluciones formales; pueden concebir subjetivamente el resultado de los hechos y verificarlos para confirmar o negar su validez.

Los seres humanos nos diferenciamos de los animales porque con nuestro razonamiento podemos elaborar ideas, imaginarlas, concientizarlas y trasmitirlas; con nuestras ideas podemos construir y transformar nuestro entorno, utilizando herramientas fabricadas por nosotros mismos.

Los niños y las niñas desde temprana edad empiezan a mostrar algún grado de inteligencia, conciencia, razonamiento y entendimiento, que puede percibirse en sus juegos y comportamientos.

Piaget dice que "el juego en los niños y niñas es un vínculo con su entorno, que contribuye al desarrollo de nuevas estructuras mentales".

Wallon opina que "el juego en los niños y niñas es una asociación con otras personas, para lograr objetivos y metas".

Vygotski argumenta que "el juego en los niños y niñas es una interacción social que les permite conocer y dominar nuevas y mejores habilidades".

Freud atribuye una importancia vital a las pulsiones instintivas-intuitivas, de la lívido, en el desarrollo físico, mental y emocional de los niños y las niñas, que puede percibirse en sus juegos y comportamiento.

La sabiduría popular dice: "para los niños y las niñas, la vida es jugar y jugar es la vida".

## 1.5. LA INTELIGENCIA Y LAS CIRCUNSTANCIAS PSICOSOCIALES.

Lo que puede dañar la conciencia, la razón, el entendimiento y la inteligencia, de algunos niños y niñas, adolescentes, jóvenes y adultos, son: los malos tratos, la falta de amor, los fanatismos y temores espirituales, que en algunos casos se hacen traumáticos; las humillaciones, el bullying (burlas), que pueden destruir su autoestima; y la falta de apoyo para superar frustraciones.

Las experiencias prematuras de niños, niñas, adolescentes y jóvenes, junto con las prohibiciones, la satanización y criminalización de la sexualidad, les pueden crear sentimientos de culpa, de inferioridad, destruir su autoestima y el libre desarrollo de su personalidad; la falta de educación sexual y una incorrecta comunicación y orientación entre padres y madres de familia con

sus hijos e hijas, son en parte causas de actos precoces sin precauciones (con o sin consentimiento), de la propagación de enfermedades de contagio y de los embarazos no deseados.

Las prohibiciones inducen a la autosatisfacción, que puede ser frustrante por el vacío emocional que deja; la satisfacción compartida puede ser más satisfactoria pero más conflictiva por las implicaciones sociales que conlleva, puede hacer que los enamorados se sientan perseguidos, o angustiados por la responsabilidad económica y social de la pareja.

El deseo de tener experiencias es una de las causas de concupiscencias, desviaciones, abusos, promiscuidad, comercio sexual.

La falta de desahogo sexual natural en condiciones satisfactorias, puede provocar neurosis y psicosis.

En casos graves de daño a la conciencia, la razón y el entendimiento, ocasionados por una combinación de difíciles circunstancias familiares y sociales, problemas económicos, la deserción escolar, el desempleo, el consumo de drogas y el no saber aprovechar oportunidades de superación personal en el estudio o en alguna actividad laboral productiva, puede enfermar a algunos jóvenes y convertirlos en delincuentes psicóticos, cínicos, enajenados, insensibles.

En los casos positivos en que los jóvenes logran sobreponerse a situaciones difíciles y traumáticas, y tener conciencia de sí mismos, ellos pueden cambiar su destino y convertirse en verdaderos ejemplos de honestidad, trabajo, estudio y superación personal. Esto queda demostrado en tratamientos de psicología, pues psicológicamente la mente es plástica, esto quiere decir que la mente se puede modificar y moldear de manera positiva por medio de la educación, con la fuerza de voluntad de los propios niños, niñas, adolescentes, jóvenes y adultos.

Los jóvenes y los adultos que pueden transformarse a sí mismos, pueden transformar también su medio ambiente y sus circunstancias.

## 1.6. REFLEJOS CONDICIONADOS O MOTIVACIÓN.

*Volviendo al tema de los animales, otra diferencia con ellos es que los seres humanos somos los únicos que sabemos reír, y hasta podemos reírnos de nosotros mismos.*

En las pruebas de laboratorio de ensayo y error con animales, se ha demostrado que el aprendizaje se realiza por la captación de relaciones entre las cosas que participan en el experimento. En los seres humanos el aprendizaje intelectual y motriz también puede darse por la repetición de gestos, acciones o palabras estereotipadas, aunque esta forma es poco común y nada deseable.

En un estudio de los reflejos condicionados, en 1900, el Fisiólogo ruso Iván Petrovich, Premio Nobel de Medicina 1904, autor de los primeros experimentos, observó las reacciones de las glándulas salivales en los perros ante la presencia de la carne como un reflejo primitivo o reflejo condicionado, este reflejo

incluye reacciones motrices en torno a las condiciones en las que
el perro recibe los alimentos y que influye en la conducta total
del perro,

como una condición previa para la recepción del alimento, si las
condiciones se modifican, los perros también cambian su forma
de reaccionar; estos cambios de conducta demuestran también
un tipo de aprendizaje en forma de reflejos condicionados; los
estudios de este tipo en seres humanos dan los mismos resultados.

La Etología moderna, fundada por el médico austriaco, Konrad
Lorenz, Premio Nobel de Medicina 1973, estudió el comportamiento
de los animales en relación con su medio ambiente. Esta ciencia
concluye que el comportamiento de los animales es el resultado de
motivaciones y estímulos que impulsan sus acciones y reacciones;
una mayor motivación requiere menos estímulos. Las motivaciones

son factores internos que se complementan con estímulos externos para determinar un comportamiento.

En 1920, John Broadus Watson, Psicólogo estadounidense estudioso de la conducta, experimentó con niños las reacciones ante estímulos. La conclusión fue que los únicos miedos originales de los niños son: el miedo a perder los alimentos y los ruidos fuertes, aunque esos miedos con el tiempo pueden ser olvidados, los estímulos artificiales con el tiempo se desvanecen.

# 2

# LOS REFLEJOS CONDICIONADOS Y LA EDUCACIÓN

La importancia del estudio de los reflejos condicionados radica en el conocimiento que puede arrojar para determinar la naturaleza íntima del aprendizaje, la conducta y el desarrollo general de la personalidad de los seres humanos. El Maestro Luis Herrera y Montes considera que nada garantiza que el condicionamiento sea un medio ético para interpretar los problemas y procesos de aprendizaje, tampoco para indicar los procedimientos de la enseñanza, pues los seres humanos estamos por encima de simples reflejos condicionados, tendencias, reacciones emocionales, hábitos o actitudes, pues estos condicionamientos son poco comunes en el aprendizaje humano. Aunque esos conocimientos psicofísicos pueden ser útiles para el conocimiento de las reacciones físicas por estimulación; en la medición de las sensaciones que analizan el comportamiento global del organismo; en el estudio de las funciones sensoriales de las neuronas implicadas en la adaptación; en las actividades motoras de la vida afectiva; en la regulación de las actividades vegetativas; en la comprensión de las necesidades y sensaciones internas; en la regulación hormonal del comportamiento.

# 3

# LA TEORÍA DEL APRENDIZAJE

En la vida cotidiana y en la escuela el aprendizaje es el resultado de una actividad con propósitos, el estudio con propósito se puede realizar para lograr alguna meta personal, un deseo, un anhelo, un sueño, un interés; también se puede aprender sin propósito, aunque no se tenga intención de aprender, como sucede en algunas actividades cotidianas o intelectuales, en este caso se concentra el esfuerzo en la solución de un problema, sin tener conciencia del aprendizaje, el cual se da de manera natural. También se puede dar el aprendizaje por la actividad dirigida a dominar algún conocimiento de manera consciente y autodidacta, y también de manera programada mediante los procedimientos escolarizados siguiendo los principios de la didáctica; el aprendizaje surge de la necesidad de corregir o promover los conocimientos o habilidades para la realización de un propósito, o cuando lo requieren las necesidades de la vida cotidiana.

# 4

# LA SATISFACCIÓN DE SUPERARSE

El aprendizaje que carece de interés o de propósitos, el que es puramente mecánico o que se realiza por instinto o costumbre, en el que se utilizan más las habilidades manuales que las intelectuales, resulta insuficiente para un proceso de mayor desarrollo de la personalidad de los estudiantes, es necesario que tengan motivaciones más amplias, de estudio y de superación personal.

# 5

# LOS PRIMEROS PASOS EN EL APRENDIZAJE

En el aprendizaje de la escritura intervienen nuestros recursos físicos y mentales que nos permiten controlar los movimientos de dedos, brazos y músculos, los niños aprenden con juegos previos de la escritura, trazos que realizan en paredes, pisos, hojas de papel; la coordinación de los sentidos y los músculos les permite ir de lo rudimentario a los movimientos delicados y precisos de la escritura.

El niño que aprende a escribir modifica su personalidad, amplía su relación con las cosas y con su medio social, recibe un trato distinto, los objetos y las personas tienen para él un nuevo significado, comprende mejor los objetos y las actividades, tiene una nueva base para juzgar a las personas.

Es necesario tomar en cuenta estas nuevas habilidades y conocimientos en los niños y las niñas, porque requieren adaptarse a una nueva situación, de manera que les favorezca positivamente en el desarrollo de su personalidad; cada nueva habilidad o conocimiento puede darles satisfacciones o frustraciones que deben ser atendidas cuidadosamente.

# 6

# EL APRENDIZAJE Y NUESTRO MUNDO

El aprendizaje nos ayuda a organizar el mundo que nos rodea y nuestras actividades: el día lo organizamos en horas, minutos, segundos; el año lo organizamos en días, semanas, meses; y los meses en estaciones.

Las estaciones por clima: primavera-calor; verano-lluvias; otoño-seco; invierno-frío. En la organización va implícita la diferenciación; distinguimos las plantas de ornato de los vegetales y de las frutas. Diferenciamos también una gran variedad de animales: los salvajes, los domésticos, los de corral, y de estos los que nos sirven de alimento.

Organizamos los días de la semana de acuerdo con nuestras actividades: trabajo, estudio, pasatiempo, descanso, atención a la familia, a los amigos.

Organizamos a las personas por su color, su tamaño, su edad, su forma de vestir, de hablar, de comportarse; por sus actividades, su sexo, sus gustos, sus preferencias, sus pasatiempos; podemos distinguir a los indígenas y campesinos de los urbanos, a los estudiantes de los obreros, a los comerciantes de los profesionistas.

En la escuela aprendemos a organizar los números en cantidades y las diferenciamos por sumas, restas, multiplicaciones, divisiones; con el álgebra aprendemos a combinar letras con números para realizar operaciones matemáticas.

Para nuestro lenguaje las letras las organizamos en sílabas, las sílabas en palabras, las palabras en frases, oraciones, párrafos, temas, libros, bibliotecas; las bibliotecas en fuentes de estudio, de todas la materias y profesiones.

Los profesionistas, los maestros y maestras, los padres y madres de familia, todos los ciudadanos participan con sus actividades cotidianas en la organización y dirección del mundo.

Conforme vamos organizando lo que aprendemos y diferenciamos unas cosas de otras por sus detalles y sus formas, también vamos asimilando nuevas habilidades y conocimientos; unimos o combinamos nuevos significados, integramos síntesis por la coordinación de unos elementos y la eliminación de otros; los estudiantes asimilan sus habilidades para manejar símbolos y solucionar ecuaciones.

Todo conocimiento es gradual, poco a poco se van percibiendo matices que al principio no eran notables o diferenciados, se aprecian nuevos valores y reaccionamos de acuerdo con ellos; notamos la armonía de los componentes y la importancia de diversos elementos en el arte, la ciencia, la cultura, la tecnología; en una composición literaria se requiere, por ejemplo, del ordenamiento del lenguaje, conocer el significado de las palabras o la imagen que proyectan, darle a las frases el énfasis apropiado, coordinar las expresiones ubicándolas en el lugar que les corresponde, diferenciar los tonos de lenguaje; en la lectura en voz alta o en silencio se debe apreciar la composición poética y artística.

Con las letras convertidas en palabras y en lenguaje se pueden transmitir pensamientos, conceptos, conocimientos, sentimientos, emociones, amor, odio, comprensión, coraje, rencor, perdón; a través del lenguaje se puede saber si una persona es sana y equilibrada emocionalmente o si es una persona enferma y desequilibrada. También por el lenguaje se pueden encontrar soluciones, comprensión, orientación para la salud física y mental.

# 7

# LA EDUCACIÓN Y LA SALUD

Para mantener la salud física, mental y emocional de los estudiantes, en todas las escuelas debe haber profesionistas capacitados para orientarlos y dirigirlos, procurando que todos tengan salud física, mental y emocional; en estos programas deben incluirse a los padres y madres de familia, los tutores y los maestros. Los problemas de salud deben tratarse desde el punto de vista puramente médico, dejando las cuestiones punitivas en autoridades específicas y en los padres y madres de familia, pues en las escuelas la principal función médica debe ser curar o mantener la salud de los estudiantes, no la de juzgar o cuestionar asuntos legales. Los principales requisitos médicos en las escuelas deben ser: ética y moral profesional para realmente curar, sanar o mantener la salud de los estudiantes, incluyendo a padres y madres de familia y maestros.

# 8

# EDUCACIÓN DEMOCRÁTICA

Lo que el Maestro Herrera y Montes propone es que la solución de problemas y procedimientos de la enseñanza en los seres humanos tenga un enfoque y una personalidad propia dentro de las ciencias educativas, esto se puede lograr teniendo propósitos claros y flexibles y tratando que los alumnos realicen su aprendizaje con absoluta libertad de esfuerzo, tiempo y dedicación; esto es que cada estudiante logre sus metas de aprendizaje de acuerdo con sus propias capacidades y motivaciones. Este sistema de enseñanza se puede denominar: EDUCACIÓN DEMOCRÁTICA; de hecho, es en esencia la propuesta del Maestro Herrera y Montes.

Los niños, las niñas, los adolescentes, los jóvenes, tienen el derecho de desarrollar sus potencialidades educativas con absoluta libertad; los padres y madres de familia, los maestros y las escuelas tienen derecho de cuidarlos, protegerlos, orientarlos, corregirlos, sostenerlos, alentarlos, conducirlos, sin limitarlos o bloquearlos, sin imposiciones, sin asfixiarlos, sin frustrarlos, con respeto a su individualidad. La absoluta libertad debe estar bien dirigida hacia objetivos y metas de superación personal en el estudio o en alguna actividad laboral honesta.

Eso es el **LIBRE DESARROLLO DE LA PERSONALIDAD DEMOCRÁTICA** al que todos los estudiantes y todos los seres humanos tenemos derecho.

## 9

# LA EDUCACIÓN DEBE SER CONSISTENTE

Los conocimientos que gradualmente vamos asimilando con el estudio nos sirven de referencia para interpretar o reinterpretar otros conocimientos y notar las diferencias entre las cosas y los hechos, redefiniéndolos y valorándolos por su calidad o perfección, este es un proceso que va ampliando nuestra experiencia y nuestro aprendizaje.

Los propósitos en el aprendizaje deben ayudar a los estudiantes y a los maestros, y también a los padres y madres de familia a darle consistencia a la educación con: precisión, aliciente, previsión, preparación y continuidad, para que motiven a tomar nuevas experiencias en el aprendizaje.

En la enseñanza los objetivos le dan dirección a los propósitos, cuando se siguen varios objetivos y propósitos al mismo tiempo en la educación, se pierde consistencia y precisión, y casi toda la motivación se distorsiona y se pierde. CON EL EXCESO DE MATERIAS DE ENSEÑANZA EN UN SOLO CURSO, LO QUE QUEDA EN LA MENTE DE LOS ESTUDIANTES SON COMO MANCHONES DISTORSIONADOS EN UN LIENZO MULTICOLOR DEFORME, COMO UNA PINTURA DE PICASSO, ALGO PARECIDO O UN FRANKENSTEIN DE MATERIAS DIFÍCILMENTE ESTRUCTURADAS.

EL MAESTRO LUIS HERRERA Y MONTES PROPONE QUE CADA UNA DE LAS MATERIAS DE ESTUDIO SE DEN POR CURSOS ESPECÍFICOS, DESDE PREESCOLAR HASTA LICENCIATURAS.

# 10

# ESTE ES EL CONCEPTO EDUCATIVO QUETZALLI

LA INNOVACIÓN:

EDUCACIÓN POR CURSOS ESPECÍFICOS BIMESTRALES. LA PROPUESTA CIUDADANA PARA UN NUEVO CONCEPTO EDUCATIVO DE CARÁCTER DEMOCRÁTICO, ORIGINAL DEL AUTOR.

Prácticamente todas las materias se dividen en niveles, por lo tanto a cada uno de los niveles de las materias debe dársele el tiempo apropiado, necesario para su aprendizaje; dos meses son sugeridos para que los alumnos asimilen a su propio ritmo y a la perfección los conocimientos específicos de una sola materia en cada uno de los niveles de la misma materia, como se propone en este NUEVO CONCEPTO EDUCATIVO.

En el nuevo concepto educativo Quetzalli que se propone, los planes y programas de estudio deben incluir en cada uno de los niveles bimestrales de una sola materia: el número del grado y el número del nivel de la materia específica, el nombre del curso específico de la materia, el nombre de los meses del bimestre en que se va a estudiar el curso específico de cada materia, de acuerdo con el grado escolar de los estudiantes.

Con el concepto bimestral educativo que aquí se propone, en dos meses de clases (60 días aproximadamente), quitando los días de descanso: los días de fin de semana, los días de vacaciones, los días festivos y las horas de descanso, quedan aproximadamente 30 días efectivos de clases por bimestre, que, multiplicados por aproximadamente 5 horas de clases al día en el salón, dan 150 horas de clases en dos meses, este tiempo es suficiente para que los alumnos y las alumnas asimilen a la perfección el nivel del curso específico que les corresponda, además de que se evitará que vayan cargando montones de libros a la escuela inútilmente, pues solo deberán llevar el libro, el cuaderno y los útiles necesarios para el nivel del curso específico respectivo.

La educación primaria es de 6 años, cada año tiene 6 bimestres, en 6 años de primaria los alumnos estudiarán 36 bimestres de cursos específicos para completar la educación básica.

Para la implementación de este nuevo concepto educativo QUETZALLI, se utilizarán dos momentos.

1. En el primer momento, para la primera implementación bimestral del concepto educativo QUETZALLI, las inscripciones de los alumnos se podrán hacer por año como hasta ahora, dividiéndolo en 6 bimestres de cursos específicos.

2. En el segundo momento, para la segunda implementación bimestral del concepto educativo QUETZALLI, después de un año como mínimo y tres como máximo de experiencia, con este nuevo concepto educativo que se propone, las inscripciones se harán por bimestre, como se especifica a continuación.

POR EJEMPLO: AL INICIAR EL CICLO ESCOLAR BIMESTRAL, CORRESPONDIENTE A LA SEGUNDA IMPLEMENTACIÓN DEL CONCEPTO QUE SE PROPONE:

En el primer bimestre: agosto-septiembre, se inscribirán los alumnos al primer bimestre, en los 6 grados de primaria.

En el segundo bimestre: octubre-noviembre, habrá inscripciones para primero y segundo bimestre, en los 6 grados de primaria.

En el tercer bimestre: diciembre-enero, habrá inscripciones para primero, segundo y tercer bimestre, en los 6 grados de primaria.

En el cuarto bimestre: febrero-marzo, habrá inscripciones para primero, segundo, tercero y cuarto bimestre, en los 6 grados de primaria.

En el quinto bimestre: abril-mayo, habrá inscripciones para primero, segundo, tercero cuarto y quinto bimestre, en los 6 grados de primaria.

En el sexto bimestre: junio-julio, habrá inscripciones para primero, segundo, tercero, cuarto, quinto y sexto bimestre, en los 6 grados de primaria.

En el siguiente bimestre, agosto-septiembre, empezará un nuevo ciclo escolar bimestral.

Para simplificar el nomenclador de las materias, podrá decirse al inicio del ciclo escolar bimestral, por ejemplo:

En primer año: primer año, primer bimestre.

En segundo año: segundo año, primer bimestre.

En tercer año: tercer año, primer bimestre.

En cuarto año: cuarto año, primer bimestre.

En quinto año: quinto año, primer bimestre.

En sexto año: sexto año, primer bimestre.

Y así sucesivamente hasta completar los 6 bimestres del año escolar en los 6 grados que conforman la educación primaria.

CON ESTE CONCEPTO EDUCATIVO SE PODRÁN ESTUDIAR SEIS CURSOS ESPECÍFICOS POR AÑO, Y EL MEJORAMIENTO EN LA CALIDAD DE LA EDUCACIÓN PODRÁ VERIFICARSE DESDE EL PRIMER AÑO DE SU IMPLEMENTACIÓN.

EN SEIS AÑOS DE IMPLEMENTADO EL CONCEPTO EDUCATIVO (QUETZALLI), EL NIVEL EDUCATIVO Y CULTURAL ESCOLARIZADO DE MÉXICO DEBERÁ SER MUCHO MEJOR.

En el nivel de preescolar de 3 años, habrá 18 bimestres.

En primaria de 6 años habrá 36 bimestres.

En secundaria de 3 años habrá 18 bimestres.

En preparatoria de 3 años habrá 18 bimestres.

En licenciaturas de 5 años habrá 30 bimestres.

LOS MEDIOS MASIVOS DE COMUNICACIÓN: TELEVISIÓN, RADIO, PERIÓDICOS, REVISTAS, INTERNET,

CELULARES, PUEDEN COLABORAR CON LA EDUCACIÓN DE CURSOS ESPECÍFICOS BIMESTRALES, DÁNDOLES LA MÁXIMA DIFUSIÓN, HACIÉNDOLOS: ENTRETENIDOS, DIVERTIDOS, COMPETITIVOS.

# 11

## UNA NUEVA EDUCACIÓN POR CURSOS ESPECÍFICOS

Un nuevo sistema de enseñanza con cursos específicos de dos meses, en cada uno de los niveles de las materias de aprendizaje, seguramente transformará el sistema educativo escolarizado como el que actualmente dura un año en México. Los estudiantes y los padres de familia, en lugar de esperar todo un año para pasar al siguiente nivel, podrían esperar solo dos meses en promedio para pasar al siguiente nivel, con conocimientos más sólidos, con esto se dará cumplimiento al propósito de tener una educación democrática de calidad.

EL MAESTRO LUIS HERRERA Y MONTES DICE: "UNA ENSEÑANZA ADECUADA NO TRATA DE INCULCAR FUNCIONES GENERALES SINO DE EJERCITAR HABILIDADES CONCRETAS, PARA SITUACIONES CONCRETAS".

EN EL SISTEMA ESCOLARIZADO POR AÑO, LOS ESTUDIANTES Y MAESTROS SE PREOCUPAN MÁS POR ESTUDIOS MEMORÍSTICOS DE CONCEPTOS QUE LES DEN UNA CALIFICACIÓN APROBATORIA, SIN PREOCUPARSE POR ADQUIRIR VERDADEROS CONOCIMIENTOS Y HABILIDADES QUE LES GARANTICEN UN DESARROLLO INTELECTUAL TEÓRICO Y PRÁCTICO, SÓLIDO, CLARO Y PRECISO.

EL SISTEMA ESCOLARIZADO POR AÑO SIGNIFICA: PROLONGAR LA AGONÍA DE LA INCERTIDUMBRE EN UN LARGO PERIODO DE TIEMPO QUE IMPLICA DESGASTE

EMOCIONAL Y GASTOS DE TIEMPO Y DINERO, CON UN GRAN PORCENTAJE DE IMPRODUCTIVIDAD O DE BAJA CALIDAD EN LA ENSEÑANZA, ESTO SIGNIFICA QUE LOS ESTUDIANTES COMO PRODUCTO TERMINADO NO ALCANZAN LOS NIVELES EDUCATIVOS REQUERIDOS EN LOS ESTÁNDARES DE CALIDAD DE ESTUDIANTES CALIFICADOS PARA REALIZAR ACTIVIDADES PRODUCTIVAS; CON UN SISTEMA ESCOLARIZADO, DE CURSOS ESPECÍFICOS DE DOS MESES EN CADA UNO DE LOS NIVELES DE LAS MATERIAS, LOS ESTUDIANTES PODRÁN PERCIBIR EL RESULTADO DE SUS ESFUERZOS DE MANERA TANGIBLE INMEDIATA, SE ACRECENTARÁ SU EFICACIA PARA RESOLVER PROBLEMAS Y REALIZAR ACTIVIDADES DE INVESTIGACIÓN, SE LES ABRIRÁN NUEVOS HORIZONTES, SE SENTIRÁN ESTIMULADOS A CONTINUAR SUS ESTUDIOS, LES PERMITIRÁ CONCRETAR OBJETIVOS CON PRECISIÓN Y CLARIDAD, CON CONOCIMIENTOS QUE PUEDEN MANTENER VISIBLES CONSTANTEMENTE.

## 11.1. EL REQUISITO FUNDAMENTAL.

La calificación mínima para pasar de un bimestre a otro, puede establecerse en 8.0. En los casos en que los estudiantes puedan tener calificaciones no aprobatorias, solo tendrán que volver a cursar por dos meses el nivel de la materia no aprobada y podrán alcanzar nuevamente a sus compañeros de grupo y grado de origen. Como las calificaciones por lo general son relativas y no muestran las verdaderas capacidades intelectuales de los alumnos, el objetivo es lograr que todos los estudiantes alcancen calificaciones aprobatorias.

El Maestro Herrera y Montes dice: "Es necesario romper con formulismos, sistematizaciones, abstracciones, que impiden realizar propósitos tangibles y concretos".

Los cursos específicos por materia ya se dan en universidades en los niveles superiores de maestrías, doctorados y cursos de especialización; algunas universidades privadas ya ofrecen licenciaturas con cursos específicos de cada materia, garantizando la excelencia en la calidad de la enseñanza; ya existe la experiencia solo falta que se aplique este sistema en los niveles de preescolar, primaria, secundaria, preparatoria y licenciaturas de todas las escuelas, institutos y universidades públicas y privadas de México.

## 12

## EL PORQUÉ DE LA EDUCACIÓN ESPECÍFICA

El aprendizaje es un proceso de transformación; tradicionalmente se cree que este es únicamente cuantitativo, se califica la rapidez, exactitud y precisión de los movimientos y conceptos. La Psicología moderna considera que el aprendizaje se ASIMILA POR ETAPAS CUALITATIVAS DE DESARROLLO O DE TRANSFORMACIÓN PSICOLÓGICA, que consiste en la capacitación del estudiante para diferenciar, asimilar, graduar y redefinir conceptos y habilidades que le permiten resolver problemas cada vez más amplios y complejos, sin esforzarse demasiado, pues el aprendizaje se va dando de manera natural, por la concentración de la mente y la atención puesta en la materia que se quiere aprender o perfeccionar; en este punto se desechan memorizaciones cansadas, aburridas y tediosas y se recomienda en su lugar la imaginación y la reflexión profunda, concentrada, emocionada, procurando que queden perfectamente claros en la mente de los estudiantes cada uno de los temas de la materia de aprendizaje sin saltarse detalles ni dejar conceptos oscuros o ciegos.

Todas las materias tienen un aspecto teórico y otro práctico, sobre esta base se plantea el problema de la enseñanza de las materias, por ejemplo: la gramática, las operaciones matemáticas, la escritura, la lectura, los idiomas extranjeros, la solución consiste en saber cuánto tiempo se le debe dar al aprendizaje mecánico o práctico, y cuánto tiempo al aprendizaje intelectual o teórico, o la combinación de ambos; cada maestro y maestra debe encontrar los tiempos apropiados para el aprendizaje de su materia o especialidad.

El aprendizaje no consiste en la creación de hábitos robotizados, fijos o instintivos; psicológicamente los hábitos son modos especiales de proceder o conducirse, adquiridos por repetición de actos iguales o semejantes o actos originados por tendencias instintivas; el hábito no va más allá de la idea de que la práctica perfecciona la habilidad.

Existen muchos factores de motivación en el aprendizaje, por ejemplo: el propósito, las emociones, el interés, estos pueden considerarse de mucho más valor que los actos repetitivos. Unos cuantos ejercicios hechos con interés pueden tener más eficacia que muchos ejercicios hechos sin interés.

Los actos repetitivos de la mente no tienden a la perfección, a menos que vayan ligados con la intención, la atención y la observación, estos factores no van siempre ligados a la repetición, por el contrario, la repetición tiende a expulsarlos.

Un aprendizaje emocionante muestra afinidad con nuestros intereses, motivaciones y experiencias personales. Satisfacer una necesidad tiene un significado mucho más importante que la simple repetición constante.

## 12.1. EJERCICIOS DE MOTIVACIÓN.

Es necesario encontrar las mejores formas de motivación para el estudio; a los maestros y maestras junto con sus alumnos, les corresponde ponerse de acuerdo para establecer los ejercicios lúdicos, formales-formativos, que contribuyan a consolidar el aprendizaje; las reglas del juego son de vital importancia; los padres y madres de familia también pueden participar en los ejercicios. Los rallys y los torneos, educativos y culturales, pueden ser un buen método de motivación, también las representaciones teatrales, la comedia, los periódicos y revistas murales, los reportajes sobre investigaciones específicas, que los alumnos pueden hacer para trasmitirlos y exponerlos con ilustraciones y verbalmente a sus compañeros de grupo y a toda la escuela; existen muchas formas de motivación, por ejemplo: la pintura, el dibujo, la música, el canto, el baile, la gimnasia, el yoga, los deportes, excursiones, etc.; los maestros y maestras deben procurar que las actividades lúdicas formales-formativas, sean lo más económicas o gratis para los estudiantes; lo importante de los ejercicios lúdicos es la motivación que pueden inspirar para el aprendizaje; la educación de excelente calidad es un servicio social a la Nación y debe ser lo más económico posible para los padres y madres de familia.

## 13

# LA CALIDAD EN LA EDUCACIÓN

Los conocimientos generales en la educación sirven para reforzar los conocimientos específicos, estos son de mayor exactitud que los conocimientos generales. Los conocimientos entre más específicos son, más exactitud exigen; a diferencia de los conocimientos generales en los que la exactitud puede ser más o menos dispensada; los estudiantes deben profundizar en sus conocimientos específicos, pues está comprobado por las investigaciones educativas que los conocimientos específicos favorecen más a los estudiantes que los conocimientos generales; los conocimientos generales dejan muchos vacíos intelectuales y fallas en la precisión de sus conocimientos, lo que les impide formarse un criterio y un desarrollo sólido bien cimentado de su personalidad.

La educación impartida por cursos específicos de dos meses, como lo sugiere el Maestro Luis Herrera y Montes, debe garantizar la mayor exactitud, precisión y calidad de los conocimientos.

## 14

# RESPETO A LA INDIVIDUALIDAD

En la realidad nunca se dan situaciones exactamente iguales, tampoco son idénticos los estudiantes, siempre que se quiere aprender algo, lo que se requiere es dominar una habilidad con sentido de flexibilidad, de acuerdo con la variedad de las situaciones, que siempre son por lo menos parcialmente distintas. En el estudio de las matemáticas, por ejemplo, no se pueden tener hábitos fijos generales por la gran variedad de las operaciones, en este caso los alumnos deben desenvolverse libremente en la realización de las operaciones, con sus propias reglas, destacándose la dirección, la coordinación y el énfasis en cada caso. Esto significa: la organización mental con matices y gradaciones que en cada estudiante es diferente a la de sus compañeros de clase.

Lo mismo sucede con las reglas gramaticales de un idioma extranjero, se considera aprendido cuando se captan las variedades en los significados y se aprovecha su uso en cada una de las situaciones en las que necesariamente se aplica.

Esta situación se presenta igualmente en la enseñanza de la gramática del español. En México se considera aprendido cuando se perciben sus matices, sus énfasis, el orden de los elementos gramaticales que ayudan a mejorar la expresión oral y escrita del alumno.

El aprendizaje adquirido de manera libre y ordenada, como los ejemplos anteriores, se da también en otras materias como la historia y la geografía, en el que los alumnos organizan sus conocimientos y habilidades con el fin de adaptarse al contenido de la materia.

# 15

## APRENDIZAJE FÍSICO Y APRENDIZAJE INTELECTUAL

El aprendizaje psicomotor o físico es diferente al aprendizaje intelectual, debido a que el primero es de más fácil retención. Lo que sucede en el aprendizaje físico, como en los deportes, la gimnasia, el baile o las actividades laborales, es que es más fácil percibir el progreso, y los resultados sirven a la vez de guía y aliciente constante, lo cual no siempre es posible verificar en el aprendizaje intelectual y puede resultar frustrante, en cambio el aprendizaje psicomotor o físico permite un mayor esfuerzo y concentración en los ejercicios, esto puede explicar por qué un elevado porcentaje de los jóvenes prefieren dedicarse a actividades laborales, manuales, técnicas o deportivas, en las que el ejercicio físico es preponderante, y evaden las actividades intelectuales, en las que la mente requiere un mayor esfuerzo de concentración y razonamiento, como en las matemáticas, la lectura, la investigación, y los beneficios pueden resultar a largo plazo; aun así venciendo todos los obstáculos, existe un buen porcentaje de jóvenes que se apasionan con las actividades intelectuales escolarizadas y también con el estudio autodidacta o no escolarizado.

# 16

# CADA ESTUDIANTE ES UN CASO DIFERENTE

En el aprendizaje intelectual del lenguaje, por ejemplo, se requiere la participación activa del estudiante, por la necesidad que tiene de articular sonidos, estos requieren una organización mental propia, que le permita emitir unidades rítmicas de sonido auxiliado por las sílabas, se establecen gradaciones y diferenciaciones según la importancia de los conceptos que requiere trasmitir o asimilar y que en cada estudiante es diferente.

En cualquier tarea de aprendizaje el estudiante aborda el contenido de la materia con una actitud organizadora individual y un propósito definido más o menos consciente. Las formas de aprendizaje son muy amplias en todas las asignaturas de la enseñanza; tanto el aprendizaje intelectual como el psicomotor o físico pasan por el mismo proceso de ensayo y error que se va perfeccionando con la práctica; es necesario que maestros y maestras las estudien en los diversos temas y materias de enseñanza, aun en los que son distintos a los de su especialidad, a fin de comprenderlos en forma amplia; debe tenerse en cuenta que cada estudiante es diferente y único, aunque las formas del aprendizaje son parecidas no se aplican de igual manera en cada uno de ellos; el propósito individual de cada estudiante las hace diferentes.

Los maestros y maestras deben tener contacto con las características, las condiciones, la forma en que se realiza el aprendizaje en cada estudiante, entender las diferentes formas de cómo cada estudiante aprende eficientemente a dominar las dificultades que encuentra en el estudio; los padres y madres de familia también deben de entender y comprender que cada uno de sus hijos son casos diferentes, únicos e individuales, y pueden tener motivaciones y propósitos distintos a los de sus padres, a los de sus hermanos y parientes y a los de sus compañeros de estudio.

En una educación democrática es necesario comprender, entender, asumir y apoyar a cada estudiante en su forma propia de estudiar y aprender, esa es una de las funciones más importantes de los maestros y también de los padres y madres de familia.

# 17

# LOS ELEMENTOS EN EL PROCESO DE ENSEÑANZA-APRENDIZAJE

La correcta dirección en el proceso de enseñanzaaprendizaje requiere de una perfecta integración de los elementos que lo constituyen. Los elementos son: los objetivos o finalidades para resolver problemas, la voluntad o deseo de vencer obstáculos, el orden de los programas de ensayo para detectar errores, el orden de los problemas, la distribución, la frecuencia y el ritmo de los ejercicios de aprendizaje, las diversas modalidades sensoriales, el lugar y uso adecuado de las repeticiones.

La conciencia del valor y significado de un acto es un factor que contribuye a la realización eficiente del mismo. Los estudiantes no deben ser presionados para realizar actividades intranscendentes, rutinarias y vacías que conducen al escaso rendimiento y al fracaso. Los estudiantes deben ser motivados en su imaginación, indicándoles los objetivos y las razones por las cuales se ha de realizar un esfuerzo de aprendizaje para solucionar problemas, esto es darle valor y significado al estudio.

Es necesario que los estudiantes, hombres y mujeres, sean autodidactas, que tengan conciencia plena y propósitos definidos en cada una de las actividades escolares que realizan, que colaboren y se conviertan a sí mismos en el eje del proceso de su propio aprendizaje, que se motiven a sí mismos, que se compenetren de las técnicas a seguir y que descubran las suyas propias.

Los elementos de la enseñanza-aprendizaje son como las cuerdas de una guitarra, si se tensan demasiado se pueden romper y si se aflojan demasiado se pierde el interés, en los dos casos el resultado es desastroso. Los maestros, los padres y madres de familia, los tutores y los propios estudiantes deben aprender a mantener la tensión emocional correcta de los elementos de la enseñanza-aprendizaje, y usarlos para sacar el mejor provecho de ellos, teniendo siempre presente que cada estudiante requiere ser autodidacta, poner en práctica sus propias emociones y su ritmo, sus intereses, su tiempo, su espacio, sus sentidos, su ambiente, su inspiración, su autoestima, su madurez psicológica, sus habilidades, su capacidad intelectual, este proceso es íntimo, personal, propio, individual, único, intransferible, ningún estudiante puede estudiar por otro estudiante; los maestros, las maestras, los padres y madres de familia y los tutores deben dirigir todos sus esfuerzos para crear la conciencia del estudiante autodidacta, como base fundamental del éxito académico y el desarrollo integral de su personalidad.

# 18

# LAS ACTIVIDADES ESCOLARES

Las escuelas requieren una organización de trabajo que le permita al alumno ser consciente de sus propósitos y objetivos de aprendizaje, conocer los horarios, programas, planes de estudio y métodos, establecer las metas precisas al alcance del interés y las capacidades de los alumnos. El conocimiento inmediato del resultado de sus esfuerzos orientará a los estudiantes y los estimulará en el desenvolvimiento progresivo y eficaz de su aprendizaje.

## 19

# LOS ESTUDIANTES, PRINCIPALES ACTORES DE LA ENSEÑANZA

Los problemas y obstáculos que son resueltos por los estudiantes derivan en una comprensión justa del aprendizaje; que el alumno distinga claramente entre el acierto y el error y perciba el resultado de su esfuerzo influye en su motivación.

El proceso de aprendizaje adquiere significado para el alumno por medio de la constante presencia de los problemas y obstáculos que aprende a resolver, como objetivos y finalidades del proceso de aprendizaje.

Una vez que se tienen claros los objetivos de aprendizaje hay que despertar la voluntad de estudiar; los estudiantes pueden aumentar su rendimiento si se les induce y excita con una motivación adecuada; la aplicación en el estudio es un factor tan importante o más importante que la inteligencia; para determinar el rendimiento, el objetivo de una enseñanza de calidad es lograr que todos los estudiantes sean aplicados y autodidactas, independientemente de su inteligencia.

El esfuerzo intenso, una aplicación concentrada, un proceso activo de organización y transformación, el descubrimiento de mejores métodos de actuación personal, los procedimientos actualizados, una esforzada dirección, conducen al éxito; si los alumnos son informados constantemente sobre sus acierto y sus errores, adquieren mayor seguridad en sí mismos, por la conciencia de su propio avance, con la asimilación de los conocimientos verdaderos y la eliminación de sus errores, los alumnos aprenden por la diferenciación constante de sus aciertos y de sus errores.

Los alumnos y las alumnas deben sentir que son elementos activos en la solución de problemas, la formulación de esquemas, de cuadros sinópticos, elaboración de resúmenes, entender su propio proceso intelectual; más que ser un simple espectador, deben sentir los problemas y obstáculos como suyos y ser parte activa en las soluciones.

La voluntad de aprender se da mediante la organización de propósitos, esto permite percibir gradualmente las diferencias, los valores de la materia, las situaciones por dominar; la organización mental depende de los propósitos personales, por ejemplo: el propósito de leer bien y leer para entender alguna materia; resolver bien los problemas matemáticos y dominar las matemáticas para lograr algún fin o una meta establecida; conocer bien la historia para entender los aspectos vitales de la sociedad actual; si los propósitos son vigorosos el aprendizaje ayuda al desarrollo personal.

# 20

# LA MOTIVACIÓN DEBE SER GRADUAL

La organización mental de una materia que se desea aprender nos lleva al surgimiento progresivo de los detalles, lo que al principio se percibe como algo vago y confuso va tomando forma clara y precisa hasta que se logra una configuración integral de toda la materia.

Los primeros pasos de un aprendizaje son muy importantes y deben ser bien atendidos con aplicación mental concentrada, es necesario insistir en la corrección de los errores iniciales. Los alumnos deben reconocerlos como parte de su aprendizaje integral.

La educación esforzada, aplicada y concentrada, no debe ser confundida con la educación forzosa, tediosa, involuntaria. Los maestros y maestras, los padres y madres de familia, deben buscar las mejores formas y maneras para que los estudiantes encuentren por sí mismos una motivación adecuada para su aplicación mental concentrada y que su esfuerzo sea voluntario y optimista, autodidacta.

Todos los estudiantes, aun los más aplicados, de vez en cuando pueden sentirse desanimados para estudiar en algún momento del curso escolar, en ese momento la motivación puede darse de manera sencilla, que el propio estudiante se haga preguntas a sí mismo sobre la materia que desea estudiar, que se ponga a hojear libros o cuadernos de la materia, a buscar en el diccionario el significado de una palabra, a encontrar el resultado de una ecuación matemática, a hacer acrónimos, son formas de "calentamiento mental"; todas esas actividades, en apariencia indiferentes y superficiales, pueden llevar de manera inconsciente a fijar la atención en el estudio y encontrar la motivación para iniciar nuevamente una aplicación profunda y concentrada.

Si la falta de voluntad en el estudio se vuelve crónica, se hará necesario acudir con un especialista en orientación psicológica, es necesario que las escuelas, institutos y universidades cuenten en sus programas de estudios con cursos de superación personal que ayuden a los estudiantes a superar los momentos de mayor frustración o de inseguridad en su futuro académico; el objetivo de los cursos de superación personal es evitar la deserción escolar durante el proceso educativo y ser un puente que les ayude a los estudiantes a encontrar su sitio al pasar de preescolar a primaria, de primaria a secundaria, de secundaria a preparatoria, de preparatoria a universidad, de la universidad a la elaboración de tesis, hacer que los estudiantes se sientan comprendidos y que se comprendan a sí mismos de manera natural en cada uno de sus cambios en el desarrollo de su personalidad, lo cual les permitirá dar el mejor esfuerzo en su preparación. Estos cursos de superación personal deben hacerse extensivos a los padres y madres de familia, y a los tutores como parte del desarrollo personal de sí mismos, y para adaptarse a los cambios de personalidad de sus hijos, en cada una de las etapas de crecimiento educativo escolarizado o autodidacta.

El aprendizaje es una actividad que dura toda la vida. Cuando los estudiantes o cualquier persona en cualquier actividad que realicen, se sientan aburridos, cansados, desanimados o bloqueados, para salir de algún estrés o inseguridad en sus tareas, se recomienda hacer algunos ejercicios físicos de gimnasia. Por cada una o dos, o más horas de trabajo intelectual intenso, se deben dedicar de diez a treinta minutos de ejercicio físico específico, como el BRAIN GYM, los ejercicios deben incluir el movimiento de los ojos, esto ayuda a que el cerebro se despeje, pues los movimientos del cuerpo participan en el aprendizaje instintivo de todo el cerebro.

## 21

## EL RITMO EN LA ENSEÑANZA-APRENDIZAJE

La duración y la frecuencia de las prácticas en el aprendizaje, requieren de una distribución organizada de los cursos, los elementos psicofísicos, la edad de los alumnos y otros factores que intervengan en el proceso; requieren un ritmo apropiado de los ejercicios.

En cada uno de los cursos, el tiempo y la secuencia de las prácticas son variables; por ejemplo, en las ecuaciones aritméticas o algebraicas o en los ejercicios de gramática, se ha comprobado que los ejercicios demasiado prolongados y muy frecuentes dan resultados deficientes, porque la fatiga interfiere en los resultados; sin embargo, la fatiga no es definitiva, pues no se presenta de igual forma en todos los estudiantes, sino que su presencia es variable.

Los experimentos con estudiantes han demostrado que los ejercicios que se aplican en forma atenta, breve y espaciada, con intervalos de tiempo, dan los mejores resultados.

La práctica vigilante atenta de poca duración, separada por intervalos de tiempo, es la más apropiada para cada caso.

Dos lecturas diarias pueden dar la impresión de que no dejan ningún provecho, pero la sorpresa es darse cuenta que al término de un tema, la materia se tiene totalmente dominada; al hacer un recuento del tiempo empleado por cada estudiante se observa que el procedimiento ha sido el más económico en tiempo; si lo que se desea es un aprendizaje rápido, aun a costa de la eficiencia de los conocimientos, es necesaria una concentración máxima y una frecuencia más constante de las prácticas para lograr el fin deseado.

La recomendación psicológica del aprendizaje es que cuando se trata de dominar por primera vez un asunto difícil, de carácter intelectual, se concentre en este la atención por breves periodos de tiempo, para reanudarlo un tiempo después; las repeticiones atentas, concentradas, breves y poco frecuentes, tienen la virtud de enfocar la atención y de proyectar a futuro los primeros conceptos del aprendizaje.

## 21.1. LA ASIMILACIÓN DE LOS CONOCIMIENTOS.

Lo que sucede en los periodos de descanso es una digestión mental que se gesta en la imaginación, la razón y la memoria, y se nutre con las ideas, imágenes y pensamientos que adquirimos de las primeras observaciones de una materia, de forma inconsciente, subconsciente y consciente.

La información que resulta de la digestión mental se trasmite a todas las facultades y sentidos del cerebro, como son: la inteligencia, el entendimiento, la conciencia, los sentimientos, las emociones, las sensaciones.

La difusión de la información se trasmite por las sinapsis: contacto de las dendritas y el axón, que son ramificaciones de las neuronas. A través de ese contacto circula la información emisora y receptora en todo el sistema nervioso, y se percibe en fracciones de segundo con los cinco sentidos humanos: la vista, el tacto, el olfato, el gusto, el oído.

Con esa información, la facultad imaginativa del cerebro forma imágenes cada vez más claras y razonadas, que llegan a la conciencia y el entendimiento estructurando en la mente la totalidad de los elementos que integran la materia que se quiere aprender y dominar.

Un ser humano adulto tiene en promedio 11 billones de células en el sistema nervioso, el cual incluye las neuronas, las gliales y los astrocitos.

Todos los seres humanos, de cualquier nivel educativo y cultural, tenemos la misma facultad de asimilar ideas, imágenes y pensamientos con nuestra mente y digerirlos de manera natural; con esfuerzo podemos aprender a utilizar esa facultad y sacar el mayor provecho posible de esta para superarnos intelectualmente y obtener grandes beneficios y satisfacciones.

Las prácticas iniciales del aprendizaje, también son importantes en la consolidación y pulimento del conocimiento. Conforme se avanza en las bases del conocimiento, conviene que los ejercicios se realicen con mayor frecuencia y con mayor prolongación. El exceso de prácticas debe hacerse al final de los cursos y rara vez al principio del aprendizaje.

La correcta distribución de las prácticas y el tiempo apropiado para el aprendizaje, permiten que el material sea mejor asimilado, y es el que más perdura en el tiempo, dando cumplimiento a la frase, "lo que bien se aprende, nunca se olvida".

El hecho enfatiza que la estructura o sistema integral que se logra con la frecuencia de las prácticas, se consolida y perfecciona en los periodos de descanso.

En la mayoría de los casos el tiempo transcurrido permite notar diferenciaciones, gradaciones o redefiniciones de manera subconsciente, estos al hacerse conscientes se consolidan y se convierten en una motivación para buscar nuevos y mejores conocimientos, teniendo como base de referencia los que ya se tienen aprendidos.

Los conocimientos actualizados, de nueva generación, son una evolución dialéctica de las tesis ya aprendidas. Cuando un estudiante o un profesionista se encuentra en una línea de frontera, puede empezar a producir sus propias propuestas en los temas que más domina, lo que significa pasar de las tesis dominadas a la innovación de las tesis, esto es lo que impulsa el avance de la ciencia y la tecnología hacia adelante.

# 22

# EL ENSAYO Y EL ERROR
# EN LA ENSEÑANZA

El ensayo y el error se encuentran en la fase inicial de todo aprendizaje, es la etapa en la que se ejercita con borradores; al principio se avanza a ciegas, al azar, y muchos de los primeros actos resultan ineficaces o erróneos, necesarios de corregir; es un constante iniciar de nuevo, ensayar de nuevo; pero los errores se van eliminando con la práctica y la proyección mental dirigida al sistema que se desea aprender y dominar.

El proceso del ensayo y el error constituye la primera orientación hacia la realización eficiente de una tarea o la elaboración de una respuesta adecuada, ese es el lugar que le corresponde en el proceso del aprendizaje; se avanza a base de tanteos y autocorrecciones; en el aprendizaje racional, intelectual y complejo, se revisan los resultados, con fines de corrección, hasta lograr su fácil y precisa realización.

El proceso del ensayo y el error, como instrumento práctico, tiene sus límites y sus tiempos; los maestros y maestras, y también los padres y madres de familia, deben convertirse en expertos conocedores de los tiempos y momentos precisos para realizar los cambios de ritmo en el aprendizaje de los alumnos, pues los educadores y los padres y madres de familia pueden cometer errores extremos.

Por una parte, pueden dedicar demasiado tiempo a actividades improductivas; o por lo contrario, pueden insistir demasiado pronto en la perfección de los alumnos, introduciendo la orientación y la ayuda al educando antes que el alumno esté capacitado para asimilar los conocimientos avanzados.

Cuando un alumno es sometido a excesivas prácticas ineficientes, desperdiciará el tiempo y se dificultará su aprendizaje, por no alcanzar el avance apropiado; y si se apresura su encauzamiento para que realice actividades perfectas o eficientes, se puede provocar la frustración, inhibiendo el aprendizaje.

Hay formas de aprendizaje que solo permiten una ligera intervención consciente del maestro; la capacidad para controlar conscientemente una actividad aumenta con la habilidad y las prácticas en la materia; los estudiantes expertos asimilan mejor que los principiantes; a medida que una habilidad se perfecciona, la capacidad para controlarla conscientemente aumenta también como parte de su perfeccionamiento.

El maestro debe intervenir al principio de una manera muy sutil, casi imperceptible, en la dirección consciente de los ejercicios del alumno, en la medida que este se halle en condiciones de aprovechar y asimilar, en el proceso del ensayo y el error; la dirección consciente del maestro podrá aumentar proporcionalmente, conforme sea mayor el progreso y la eficiencia del alumno en sus habilidades.

Las prácticas del ensayo para detectar los errores, sirven para eliminar progresivamente los actos ineficaces, y ayudan a descubrir y retener los conocimientos y habilidades eficaces; se organiza mentalmente el orden de los elementos de cada materia y se van encontrando las respuestas correctas a cada interrogante; este es el lugar que le corresponde a la práctica del ensayo y el error en el procedimiento de la enseñanza.

Los padres y madres de familia, los tutores, los familiares, hermanos y amigos en general, todos los que convivan con el alumno o la alumna, también deben ser capacitados en el conocimiento de los tiempos adecuados para intervenir o no en el aprendizaje de los niños, las niñas y los jóvenes, con el fin de que puedan apoyarlos correctamente; el éxito o el fracaso de los alumnos está determinado también por el ambiente en el que se desenvuelven en su hogar; las buenas maneras son indispensables en todas las formas de enseñanza, evitando los malos tratos, la incomprensión, la violencia física y verbal; todos los actos nocivos de educadores y familiares deben ser cambiados por una motivación amable, ejemplificando las metas y objetivos del aprendizaje.

## 23

# LOS SENTIDOS EN EL APRENDIZAJE

Se aprende con los cinco sentidos generalmente conocidos: oído, vista, tacto, olfato, gusto, y con todas nuestras inteligencias mencionadas en la introducción de este trabajo. La inteligencia cinestésica comprende el uso de las sensaciones y reacciones musculares y el modo de educarlas, con el propósito de conducirlas correctamente; el estudio de las sensaciones y reacciones musculares tiene también fines curativos, para corregir defectos de movimiento mediante movimientos artificiales relacionados con la educación, la higiene y la terapéutica, o para curar algún dolor muscular.

El uso de las sensaciones y reacciones musculares se puede aplicar, por ejemplo, en el aprendizaje de la escritura: primero se lleva de la mano al niño o niña para que realice sus primeras letras, y poco a poco el estudiante va dirigiendo por sí mismo sus propios movimientos, hasta que aprende a escribir sílabas y palabras, y con la práctica va corrigiendo los trazos de las letras hasta llegar a una escritura aceptable y entendible; el mismo procedimiento se sigue en la enseñanza de dibujos de paisajes o de figuras geométricas. Otros aprendizajes cinestésicos en los niños y las niñas se presentan cuando aprenden a asearse y a alimentarse por sí mismos. En el caso de los adultos, estos aprenden a conocer y a manejar sus movimientos cinestésicos de acuerdo con la actividad técnica o profesional que realicen.

Todas las actividades tienen su propio manejo muscular o cinestésico. Otro aspecto de la enseñanza cinestésica es el manejo de las emociones e impresiones provocadas por algo que llega a nuestros sentidos, por ejemplo: los colores, los sonidos y las imágenes, que dejan una impresión de aprendizaje.

Los maestros en las escuelas deben saber cuál es el mejor medio de enseñanza de acuerdo con su materia. En algunas materias el medio visual es el más adecuado, porque así se expone mejor la naturaleza del material, sus relaciones, sus diferencias y gradaciones; en otros casos los ejercicios orales constituyen el medio más adecuado; y en algunos el procedimiento cinestésico es el más indicado.

El uso combinado de los medios: oral, visual, auditivo, cinestésico, debe hacerse cuando se tiene la seguridad de generar una percepción coordinada y progresiva del tema correspondiente. La edad de los estudiantes y el grado que cursan también cuenta en el medio de enseñanza que debe utilizarse, en todos los casos la forma de presentación del material afecta de alguna manera la percepción de las sensaciones íntimas.

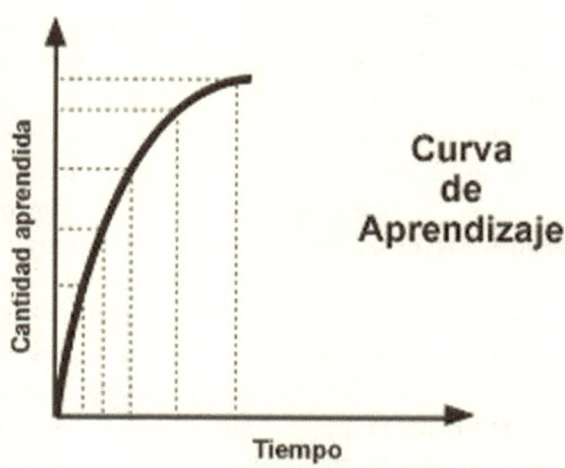

Cada uno de los medios utilizados tiene sus ventajas y limitaciones, por ejemplo: las proyecciones cinematográficas hacen que los espectadores adopten una actitud contemplativa y ajena frente a las películas, y provocan la inhibición analítica exploratoria y el esfuerzo mental.

Las proyecciones fijas y las cinematográficas pueden tener aplicación únicamente como motivación, información complementaria, presentación de problemas científicos o sociales, como extensión de un conocimiento o como medio recreativo.

En el estudio de idiomas extranjeros y la gramática, se hace necesario que los alumnos aprendan a escuchar, hablar y escribir el idioma, lo que implica el uso de métodos auditivos, orales y cinestésicos.

La intensidad de los estímulos en los sentidos determina el nivel de motivación interna en el aprendizaje, entre mayor sea la motivación interna mayor será la posibilidad de aprendizaje al conjugarse con motivaciones externas, por ejemplo: darse cuenta de la perfección con que un estudiante resuelve un problema o realiza bien un ejercicio, es motivación, además de los elogios, los aplausos, las calificaciones, las gratificaciones, los objetivos y las metas cumplidas.

# 24

# EL USO DE LAS REPETICIONES EN EL APRENDIZAJE

La formación del buen hábito de estudio se da de manera gradual y progresiva, por la concentración de la mente en experiencias educativas naturales.

Un buen aprendizaje elimina actividades memorísticas ineficaces, reafirma la reflexión imaginativa, pule, consolida y amplía la aplicación mental en el estudio.

Lo realmente importante es que el alumno establezca las condiciones favorables para su aprendizaje, con adecuadas prácticas de estudio. La observación le permite descubrir nuevos aspectos de los hechos y de las cosas.

Los maestros deben tener siempre presente la calidad y la cantidad de los actos repetitivos de la mente en el aprendizaje.

## 25

# LA MEDICIÓN DEL RENDIMIENTO EN EL APRENDIZAJE

Existen muchas formas de graficar el rendimiento escolar y son muy útiles para determinar cuáles alumnos están listos para pasar al siguiente nivel de enseñanza. Uno de los métodos más utilizados es el de las gráficas con líneas verticales y horizontales unidas en un vértice, en las que una de las líneas, por ejemplo, la vertical, se puede usar para medir o calificar el número de aciertos en un examen, y determinar el nivel de conocimientos y habilidades dominados por el alumno o la alumna examinados.

La línea horizontal se puede utilizar para medir el tiempo utilizado, el número de prácticas y los periodos de descanso que los estudiantes utilizan para aprender los conocimientos.

A estas gráficas se les denomina curva de aprendizaje. Las líneas quebradas, unidas, continuas, dentro del vértice formado por las aristas horizontal y vertical de la gráfica para medir el aprendizaje, tienen un significado: las líneas en ascenso significan progreso en el estudio, si a esta línea le sigue una línea que se inclina, significa desaceleración o aceleración negativa; a las líneas acostadas o en forma horizontal se les denomina también mesetas, y significan que el alumno ha alcanzado una meta o habilidad sólida con un grado máximo de eficacia; en su aspecto negativo puede significar también, disminución de interés o falta de progreso; las líneas que van en descenso o pendientes significan falta de interés o crisis.

Cualquier irregularidad puede significar una crisis en el aprendizaje y requiere la necesidad de un diagnóstico para buscar las soluciones correctivas adecuadas.

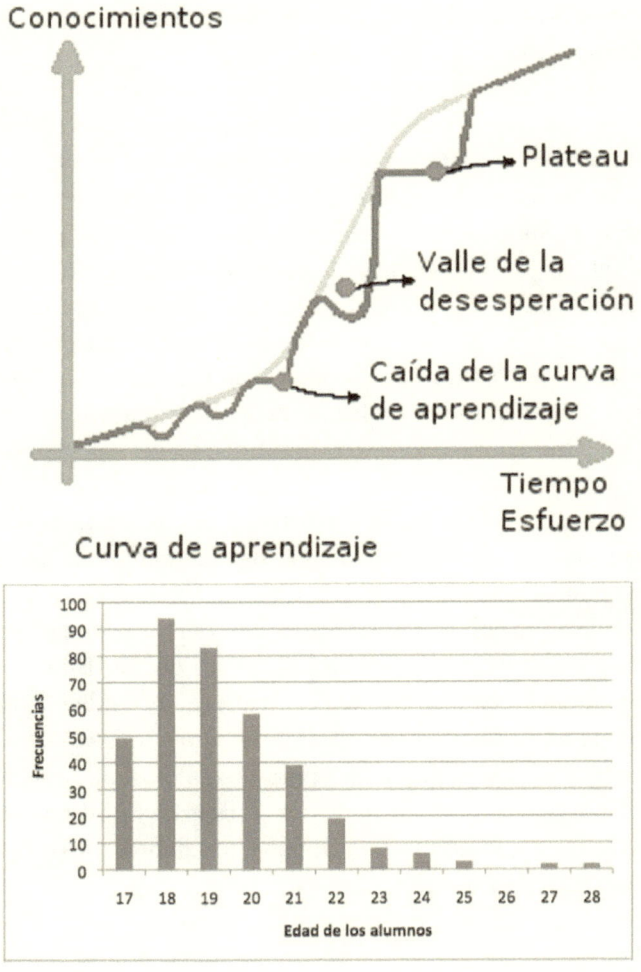

La presencia repetida de crisis puede significar falta de dirección en el proceso de enseñanza-aprendizaje.

Las curvas de aprendizaje no dan soluciones a las crisis ni muestran los cambios de personalidad de los estudiantes, tampoco revelan las razones de su éxito o de su fracaso, ni las causas de las crisis, por lo tanto, el análisis y el diagnóstico en cada crisis son necesarios para buscar las soluciones adecuadas para cada estudiante o grupo de estudiantes.

Las direcciones de las escuelas, los maestros y los padres y madres de familia deben estar atentos a las crisis de aprendizaje de los alumnos para buscar la solución y la mejor manera de aplicarla.

Cuando los estudiantes llegan a un grado máximo de aprendizaje, los conocimientos se hacen más exactos, específicos y cualitativos y solo destacan los alumnos más aplicados y con mejores habilidades psicomotoras o intelectuales, la posibilidad de prolongar este proceso es factible debido a que en pocas ocasiones los estudiantes alcanzan el nivel máximo fisiológico y psicológico de aprendizaje; en estos niveles los maestros y maestras necesitan tener mejores conocimientos y habilidades de enseñanza para dirigir el cambio cualitativo y jerárquico de los educandos.

Esto quiere decir que los maestros y las maestras no pueden ser rebasados en conocimientos por los estudiantes dentro de los centros educativos. La Secretaría de Educación tiene la facultad, el derecho y la obligación de capacitar permanentemente a los maestros y maestras, y promover a quienes demuestren tener las mejores capacidades, habilidades y motivaciones educativas; así, una buena capacitación permitirá una mayor promoción.

Las gráficas son muy útiles para las autoridades educativas, para los maestros, para los padres y madres de familia y para los estudiantes, por lo que las calificaciones deben darse también graficadas en las boletas escolares.

# 26

# LA EDAD Y LA CAPACIDAD DE APRENDER

Nunca es tarde para aprender, todos los días se aprende algo nuevo. Se recomienda mantener la mente activa en todas las edades como parte de la salud mental. La capacidad de aprender se mantiene toda la vida, aunque es variable en porcentaje de acuerdo con la edad de las personas.

A partir del nacimiento, la capacidad de aprender de los niños y las niñas va en aumento hasta llegar a su máximo nivel. En promedio, un poco más o un poco menos, a la edad de 22 años los jóvenes llegan al 100% de su capacidad máxima de aprender, a partir de esa edad su capacidad se mantiene estable por un tiempo, con tendencia a disminuir muy ligeramente, en promedio el 0.5% (medio punto porcentual) por año; a los 45 años la capacidad de aprender disminuye aproximadamente el 15%; a los 60 años la capacidad de aprender puede disminuir un 23%, la capacidad de aprender entonces a la edad de 60 años es de 77%, suficiente para que una persona aprenda lo necesario para ejercer una actividad física o intelectual que vaya de acuerdo con su interés y capacidades psicofísicas. A partir de los 22 años la capacidad de aprender se transforma en madurez mental en ascenso.

Los conocimientos, los oficios o las profesiones que se aprenden en la juventud, se mantienen estables o se perfeccionan toda la vida, y aunque la capacidad para aprender disminuye con el tiempo, la capacidad para la excelencia puede ir en aumento.

# 27

# GRÁFICAS DE CAPACIDAD INTELECTUAL

La edad y la capacidad para aprender de una persona o de un grupo de personas también se pueden graficar. En la línea horizontal se anota la edad en años, y en la línea vertical se anota la capacidad de aprender en porcentaje; la línea que indica la capacidad de aprender, inicia en el punto cero con una curva hacia arriba y a la derecha hasta llegar al nivel máximo de aprendizaje en cruce con la línea que indica la edad del participante o de los participantes; y en donde se unen las líneas se encuentra el resultado del ejercicio.

La capacidad de aprender se puede mantener eficientemente hasta los 50 años, tanto en el sistema psicomotor como en el intelectual, y aunque parece que los niños tienen una mayor capacidad de aprender, esto se debe a su dedicación sistemática, al interés que despliegan y a la disciplina escolar. Los adultos podrían mejorar su aprendizaje si tuvieran las mismas condiciones de estudio organizado, pues no existe ninguna razón psicológica o escolar que impida que los adultos tengan la misma oportunidad de aprender, como lo hacen los niños y las niñas.

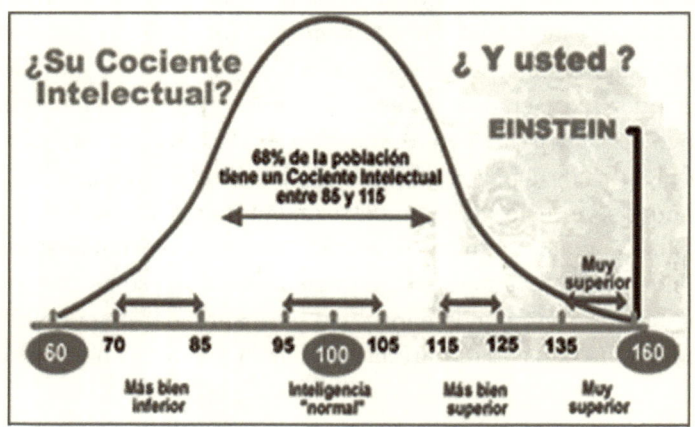

<<Actualmente existen aparatos de tecnología de punta como el neurofeedback o biofeedback que son un software en el que el sujeto realiza algunos ejercicios, que ayudan a que su nivel de CI se incremente.>>

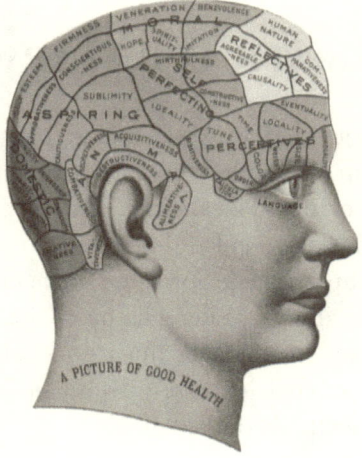

Los planes y programas de estudio deben tener los mismos propósitos tanto para los niños, niñas y jóvenes, como para los adultos, estos propósitos son: el orden y la serie de los conocimientos, la necesidad de impartirlos para la vida práctica, para satisfacer una necesidad o resolver problemas de carácter puramente intelectual, ofrecer conocimientos en el momento preciso en que se requieren, extender los conocimientos más allá de la vida escolar, preparar intelectualmente a los estudiantes para asimilar conocimientos más complejos con un mínimo de esfuerzo intelectual, todo esto independientemente de su edad o condición personal, familiar, social o económica. Quedan incluidos aquí entonces los padres y madres de familia y los tutores que puedan y quieran ser incluidos en los programas de estudio, con fines de desarrollo personal.

Los padres y madres de familia que decidan continuar con sus estudios y que terminen con un buen grado de preparación, tendrán mejores conocimientos para entender y ayudar a sus hijos e hijas en su educación, y también podrán colaborar con los maestros.

El Instituto Nacional de Educación para los Adultos (INEA); debe ser un instituto con autonomía para acercarse más a la ciudadanía, incluso en la organización de sus planes y programas de estudio. Algunos jóvenes y adultos que se inscriben en ese sistema se quejan de que las materias se las programan muy revueltas, con lo que les obstaculizan el avance en su superación. Porque el instituto no cuenta con un sistema de enseñanza específico de niveles por materias bien estructurado, y lo que se percibe en ese instituto es una política retardataria en la educación. Ese instituto se debe organizar con planes y programas que faciliten y garanticen la educación de calidad de los jóvenes y adultos que se inscriben en ese sistema, y sincronizarlo con el sistema bimestral escolarizado, en beneficio de los padres y las madres de familia que quieran superarse junto con sus hijos e hijas.

## 28

# GRÁFICAS DEL COCIENTE INTELECTUAL

Por las gráficas del cociente intelectual se puede conocer el grado de madurez intelectual de una persona o de un grupo de personas, diferenciando su edad mental de su edad física en años.

En la línea horizontal se anota la edad cronológica o real de la persona en años, y en la vertical se anota la edad mental o madurez mental también en años.

La diferencia entre la edad física y la edad mental en años, se puede conocer dividiendo la edad mental entre la edad física.

La mayoría de las personas tienen en promedio su edad mental entre un 90% abajo y un 110% arriba de su edad real o física en años.

El 10% de adelanto o de retraso de la madurez mental, en relación a la edad física o cronológica en años, es el equivalente a un año de adelanto o un año de retraso de la madurez mental por cada 10 años de vida.

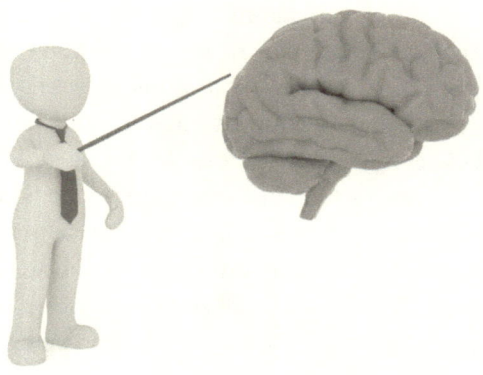

<<El cociente intelectual (CI) está directamente relacionado con el cociente intelectual de los progenitores, es decir, es genético o hereditario. Sin embargo, una parte de nuestra capacidad intelectual depende de nuestra historia de vida, del uso que hagamos de nuestro cerebro.>>

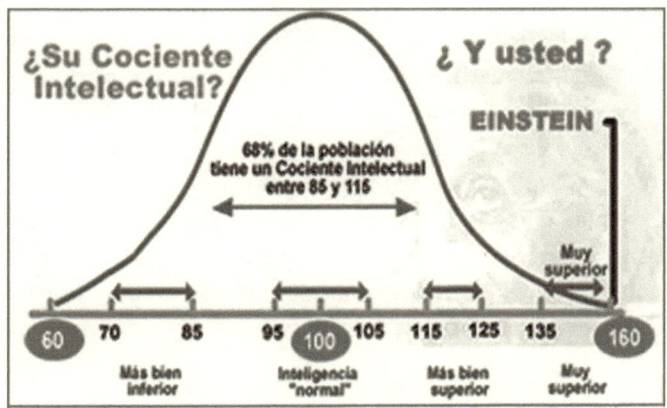

Se dan casos en que la edad mental de niños y niñas se adelanta hasta dos años o más a su edad real o cronológica, y también hay retrasos en la misma proporción. De lo anterior se deduce que la edad física o cronológica en años y la edad mental no maduran en todos los casos de igual manera, ni coinciden en su maduración al mismo tiempo.

# 29

# ORIENTACIÓN VOCACIONAL

La decisión más importante de todo ser humano, hombre o mujer es saber a qué va a dedicar su vida productiva. Es el momento en que cada joven o adulto toma conciencia de su individualidad, y de que debe valerse por sí mismo para dirigir su vida en lo económico, para la satisfacción de sus necesidades de alimentación, vestido, vivienda, servicios, educación, diversiones, entretenimiento; formar su propia familia, tener su propio círculo social. Encontrar una actividad satisfactoria es la clave del éxito de toda persona, hombre o mujer, y de cualquier orientación sexual.

Si todos los estudiantes y también los jóvenes que no tienen
la posibilidad de acudir a estudios escolarizados, pudieran contar
con el apoyo y la orientación necesaria para pasar de la etapa de
la dependencia a la etapa de la independencia familiar, este paso
sería menos traumático, pero no es así, en una sociedad como
la mexicana, en la que existe un alto grado de desintegración
familiar, este paso representa uno de los momentos más difíciles
de resolver y en este hay que poner toda la atención y la voluntad
de los sistemas educativos y familiares.

## 30

## LA EDAD Y LA ORIENTACIÓN VOCACIONAL

Tanto los niños como las niñas nacen con un promedio de
inteligencia y madurez psicológica natural, en algunos casos
sorprendente. La inteligencia y la madurez van desarrollándose,
y a la edad de 8 años en promedio, es cuando los niños y las
niñas empiezan a tener mayor conciencia de sus propios actos y
comportamientos; las experiencias que hayan tenido hasta esa edad
tendrán gran influencia en el futuro desarrollo de su personalidad.
Una segunda etapa de mayor conciencia y madurez se alcanza a
la edad de 16 años, es la edad en que los adolescentes entran a
la juventud y empiezan a querer ser más independientes, a tomar
sus propias decisiones y a afrontar los riesgos y consecuencias;
quieren manejar su vida, aunque en la mayoría de los casos
dependan todavía económicamente de sus padres; esta etapa
también significa un cambio de mentalidad para los padres y
madres de familia que no aceptan todas las libertades que quieren
darse los jóvenes; es el momento de hacer negociaciones entre
padres e hijos, si estos quieren seguir teniendo el apoyo de los
padres, tendrán que cumplir con algunas responsabilidades de
estudio y de trabajo en el hogar, además de respetar horarios de

salida y entrada de casa, de informar a qué lugares van y con quién van; esta etapa dura hasta que los jóvenes adquieren la madurez física y mental necesaria para valerse por sí mismos en todas sus necesidades, en promedio a los 21 años, aunque hay jóvenes que pueden adelantarse hasta 5 años o atrasarse hasta 10 o más años; es la edad en la que ya deberán de haber definido claramente cuál es su vocación de estudio y de trabajo. Encontrar su vocación es una decisión ineludible de los jóvenes, pues de ella depende su destino y el éxito que tengan en su vida.

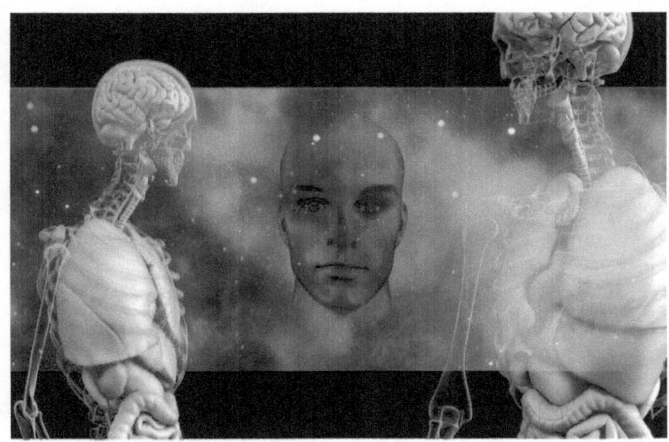

# 31

# CONOCERNOS Y RECONOCERNOS COMO MEXICANOS

Antes de la llegada de los europeos al Continente Americano, los habitantes de esta parte del planeta tenían su propia manera de ver el mundo y la naturaleza. Muchas de esas formas de percibir el universo que tenían nuestros antepasados de estas tierras, nos las heredaron a los que ahora habitamos este continente. Las anteriores clases intelectuales, originarias de América, ya conocían, con alto grado de perfección, el movimiento de los astros y el paso del tiempo; tenían un conocimiento profundo de las plantas y su utilidad benéfica; la organización familiar así como la social tenían su propio ritmo natural; eran educados de acuerdo con sus circunstancias, muy distintas a las actuales, pues los ejemplos de vida eran diferentes a los europeos; en América vivían de acuerdo con la naturaleza; no existían ideologías religiosas y políticas como las que hoy existen; todos los ciudadanos americanos originarios (origino-americanos) eran cultos, pues su cultura estaba grabada en las paredes y columnas de los edificios.

CON LA LLEGADA DE GENTE DE EUROPA Y DE OTRAS PARTES DEL MUNDO, LLEGARON TAMBIÉN OTRAS IDEAS Y OTRAS FORMAS DE VER EL MUNDO, QUE CONSTITUYEN EN LA ACTUALIDAD, JUNTO CON LAS DE NUESTROS ANTEPASADOS DE ESTE CONTINENTE, UN SINCRETISMO DE IDEAS, SENTIMIENTOS Y CONOCIMIENTOS QUE DETERMINAN LA PERSONALIDAD ACTUAL DE LOS MEXICANOS.

De las ideas de los europeos rescatamos las de algunos grandes maestros, como las de Sócrates, Filósofo griego nacido en Atenas, Grecia, quien vivió entre los años 470 y 399 antes de la era actual, y ha servido como paradigma para muchas generaciones. Sócrates decía "conócete a ti mismo"; esta frase es el punto de partida para conocer y reconocer nuestra personalidad individual profunda, pues solo conociéndote a ti mismo podrás saber de lo que eres capaz de ser y hacer. Sócrates utilizaba el método dialéctico para descubrir la verdad o la falsedad en el pensamiento de sus interlocutores, en especial de sus alumnos. Las enseñanzas de Sócrates representan algunos de los primeros intentos que registra la Historia para conocer la psicología profunda de cada persona, para sacar de ellas lo mejor de sí mismas de manera dialéctica (a base de preguntas y respuestas). Sócrates, que nunca creyó ser un sabio, se presentaba ante sus alumnos con la frase: "yo solo sé que no sé nada", dando a entender que desconocía lo que iba a encontrar en el diálogo con sus interlocutores, de esta manera, como un amigo entre ellos, iniciaba el proceso de ir descubriendo la verdadera inteligencia de quienes dialogaban con él, a este proceso Sócrates lo consideraba como un parto (nacimiento) intelectual al que denomino Mayéutica, a través del cual extraía una nueva conciencia, era como darle vida a un nuevo Ser, a una nueva mentalidad nacida del interior intelectual de sus alumnos.

Paradójicamente, por cuestiones políticas, Sócrates murió ejecutado por la clase gobernante de Atenas, acusado de no creer en los dioses y de corromper a la juventud; fue obligado a beber la cicuta, un potente veneno extraído de la planta del mismo nombre, la cicuta mayor.

En las familias de hoy y de siempre, nadie conoce mejor a sus hijos que los propios padres y madres de familia, y aunque los padres y madres no siempre están preparados para conducir a sus hijos en el adecuado desarrollo de su personalidad, los planes y programas democráticos de estudio deben incluir a los padres y madres de familia en la orientación vocacional de sus hijos e hijas.

Sócrates decía que hacer el bien es la mejor muestra de madurez mental, en consecuencia, la virtud consiste en conocer y hacer el bien; lo opuesto entonces, conocer el mal y hacer el mal, es muestra de inmadurez mental. La ignorancia del civismo, la ética, la moral, la virtud, la rectitud, la verdad, es causante de errores en la personalidad.

Algunos jóvenes crecen desde niños con ideas distorsionadas de que conocer y hacer el mal es de inteligentes y valientes, y que quienes conocen el bien y hacen el bien son tontos y cobardes; esa forma de engañarse a sí mismos seguramente es causa del ambiente familiar y social en que viven; el comportamiento y la mentalidad de familiares, amigos, conocidos y vecinos, es el ejemplo y el primer conocimiento que reciben; es necesario que los estudiantes, desde los primeros niveles de enseñanza, aprendan, reflexionen y memoricen los principios de la ética, la moral y la virtud, la rectitud, la verdad, así como se les enseña a aprender las primeras letras y los números; es importante que el estado, en las comunidades urbanas y rurales, y en los centros educativos, proporcionen espacios lúdicos y ambientes sanos y creativos, con programas de superación personal que contribuyan al mejor desarrollo de la personalidad, no solo de niños y niñas sino también de jóvenes y adultos, esto servirá para prevenir el delito, y no esperar a perseguirlo y satanizarlo, con escasos beneficios sociales verdaderos.

Todos los niños y niñas nacen buenos, aunque ignorantes del bien y del mal, por lo tanto, la virtud puede ser enseñada e inculcada en la mente de niños y niñas, de manera didáctica, despertando su conciencia cívica, ética y moral.

Para descubrir nuestras verdaderas capacidades físicas y mentales, podemos empezar por hacer reflexiones sobre nuestro entorno familiar, social, económico; nuestros gustos, nuestras preferencias, nuestras habilidades físicas, nuestras habilidades intelectuales; nuestros sueños, nuestras metas; el ambiente en el que interactuamos y cómo respondemos a sus exigencias; y la forma en que aprovechamos las oportunidades que se nos presentan para elegir un estudio o un trabajo, un oficio, una profesión que vayan de acuerdo con nuestro carácter y personalidad.

Debemos preguntarnos a nosotros mismos: ¿qué soy?, ¿qué he sido?, ¿qué quiero ser toda mi vida?; si encontramos las motivaciones que le den valor a nuestra existencia, seremos felices dedicando todo nuestro tiempo y nuestra vida a nuestra vocación.

Los maestros y maestras, los padres y madres de familia, deben aprender a motivar la imaginación de los niños, las niñas, los adolescentes y jóvenes, otorgándoles la posibilidad de crecer y desarrollarse a su máxima capacidad de manera libre y autodidacta, sin que sus hijos lo vean como una obligación forzada y tediosa sino como un deseo, un anhelo, un gusto emocionado por alcanzar objetivos y metas honestas de vida.

# SEGUNDA PARTE

## 32

## LA TRANSFORMACIÓN DEL SISTEMA

### 3x3, ABC, EL CONCEPTO QUETZALLI PARA LA TRASFORMACIÓN DEMOCRÁTICA DEL SISTEMA DE GOBIERNO

SI SOMOS CAPACES DE CREAR UN NUEVO CONCEPTO EDUCATIVO DEMOCRÁTICO, SEGURAMENTE TAMBIÉN SOMOS CAPACES DE CREAR UN NUEVO SISTEMA DE GOBIERNO DEMOCRÁTICO, QUE TENGA COMO BASE DE SUSTENTO LA HONESTIDAD DE LOS GOBERNANTES.

### 32.1. DE LA EDUCACIÓN

Las secretarías de estado Federales y Estatales deben dejar de ser juez y parte de las actividades que realizan, por ejemplo en este caso, la Secretaría de Educación Pública, para lograr ese objetivo, es necesario que se desprenda de las actividades docentes que están bajo su administración y que esa actividad pase a estar bajo la administración de las Universidades Estatales, Públicas y Privadas con Autonomía, desde Preescolar hasta las Licenciaturas, Maestrías, Doctorados y Cursos de Especialización. Así, la Secretaría conocida como SEP, pasará a ser entonces Secretaría de Educación (SE); Nacional, Estatal, y Municipal, y podrá ejercer mejor su función de autoridad educativa pública y privada.

La principal función de la Secretaria de Educación será entonces: supervisar el control de calidad de la educación democrática pública y privada; contribuir a vigilar que los presupuestos destinados a la educación pública lleguen a su destino y se apliquen de manera puntual, exacta y correcta; registrar y mantener en orden la legalidad de documentos, como son: certificados y títulos otorgados a alumnos, maestros y planteles educativos; vigilar el cumplimiento y la calidad de los planes y programas democráticos de estudio, entre otras actividades específicas no docentes. Con lo que se podrán simplificar las actividades administrativas de esa Secretaría y será la mejor manera de descentralizar al personal administrativo de esa Secretaría; de la Ciudad de México a los Estados.

Las Universidades Públicas Autónomas, la Nacional y la de los Estados, deben ser competitivas frente a las Universidades Privadas, deben tener sucursales en todas las ciudades de mayor concentración de población; por ejemplo, la Ciudad de México debe tener una o más sucursales de la UNAM y el IPN (Politécnico), en cada una de sus Alcaldías (Delegaciones).

En todos los Estados de la República Mexicana, las Universidades Públicas Autónomas deben tener una o varias sucursales en todas las cabeceras municipales y/o en todas las ciudades que concentran la mayor cantidad de población, con lo que se evitará que los estudiantes se desplacen grandes distancias para estudiar; con ahorro de tiempo, dinero y energías, evitando la separación del ambiente familiar en muchos casos. Con estas acciones también se puede propiciar la desconcentración poblacional de la Ciudad de México y de las capitales de los estados.

Si el Estado no tiene los recursos económicos suficientes para realizar este propósito, se puede buscar alguna forma de financiamiento, para que los particulares construyan los planteles Universitarios Autónomos y les paguen a los maestros como

Instituciones Privadas, y otorgarles becas de colegiatura y becas de estudio a los estudiantes. Este mismo recurso se puede utilizar para construir Escuelas de Preescolar, Primarias, Secundarias, Preparatorias y Universidades en todas las comunidades más apartadas de todos los Estados de la República. Para eso existen Instituciones como el Banco Nacional de Obras y el Subsidio Básico Universal.

Todo esto servirá para que las Secretarías de Estado, como en este caso la de Educación, dejen de ser juez y parte de las actividades que realizan, y se terminará con el gigantismo inoperante de las Instituciones.

Un Sistema de Nueva Generación también puede servir para descentralizar al personal de las Instituciones Nacionales, de la Ciudad de México a los Estados, Municipios y Comunidades, con los consecuentes beneficios: mayor cercanía con el pueblo y los ciudadanos, mejor coordinación de actividades, simplificación administrativa, mejor control de calidad de los productos, bienes y servicios que otorgan las Instituciones a los ciudadanos.

## 32.2. DEL GOBIERNO NACIONAL

Transformando el sistema haremos historia.

3x3, ABC, a esta propuesta se le puede denominar: PLAN DE VUELO PARA LA INNOVACIÓN DE UN SISTEMA DEMOCRÁTICO DE GOBIERNO.

Con esta propuesta el Presidente Democrático, Representativo de la Nación, podrá dejar de ser juez y parte en las actividades de las Instituciones, lo que quiere decir que se equilibrará el Presidencialismo.

Si los seres humanos hemos sido capaces de crear tecnología de punta, como los satélites, las computadoras, las naves espaciales, las bombas atómicas, entonces debemos de ser capaces de crear UN SISTEMA DE GOBIERNO DE NUEVA GENERACIÓN, y México puede ser el primero en lograrlo si nuestros políticos se aplican a ello.

Esta propuesta le puede servir de bitácora al Presidente Representativo, Democrático, Nacional; al Poder Legislativo, a los Ejecutivos de las Instituciones, a los Gobernadores, a los Presidentes Municipales y a los Representantes Comunitarios.

De hecho, en el gobierno nacional, todas las instituciones públicas democráticas deben ser libres, independientes y autónomas, esto es que deben girar sobre su propio eje sin más límite que el libre desarrollo democrático de sus actividades, en beneficio de los ciudadanos y de la nación, en el sistema de "libre desarrollo democrático de las instituciones" (liberación administrativa nacional). El Presidente Democrático Representativo de la Nación, tiene derecho a proponer a los candidatos que ocupen los cargos Ejecutivos en las Instituciones Nacionales; la elección definitiva de los mismos estará a cargo del Poder Legislativo en representación del pueblo. El Presidente Representativo Democrático, como representante del pueblo y de la nación tiene derecho a recibir y dar información de las actividades de las instituciones, verificar su desempeño y determinar los aciertos y las deficiencias de las mismas. El Poder Legislativo y el Derecho Fiscal Administrativo serán los encargados de aplicar las sanciones correspondientes en los casos que lo ameriten; la supervisión constante de las instituciones permitirá determinar también su utilidad, o si resultan obsoletas para cancelarlas o fusionarlas con otras instituciones para una mejor utilidad.

Para evitar que el Sistema Democrático Representativo sea víctima de ideologías (realidades alternativas) partidistas, personalistas, esnobcráticas, debe existir una Ley Constitucional, con clara división legal y ordenada de funciones, entre el Presidente Representativo Democrático de la Nación, y diferenciarlas de las actividades específicas de las Instituciones Ejecutivas, libres, independientes y autónomas (Liberación Administrativa Nacional); en las tres áreas principales de la democracia: la democracia política, la democracia económica y la democracia social.

Todas estas Instituciones Nacionales, Democráticas, Autónomas y sus derivadas, alineadas horizontalmente, también autónomas, deben tener vida propia, esto es que deben cumplir con sus funciones específicas en atención a las necesidades económicas, políticas y sociales del pueblo, y no en atención a ideologías.

EL VERDADERO FORTALECIMIENTO DE LAS INSTITUCIONES, INCLUIDA LA DEL PRESIDENTE DEMOCRÁTICO REPRESENTATIVO NACIONAL, ESTÁ EN SU LIBRE DESARROLLO DEMOCRÁTICO: LIBERACIÓN ADMINISTRATIVA NACIONAL.

ESTA PROPUESTA (3x3) ABC, DE SEPARACIÓN DE LOS PODERES ADMINISTRATIVOS: ECONÓMICO, POLÍTICO Y SOCIAL, ES EQUIPARABLE A LA SEPARACIÓN DE LOS PODERES: EJECUTIVO, LEGISLATIVO Y JUDICIAL, para que puedan atender necesidades reales en situaciones reales de los ciudadanos, dirigidas por auténticos profesionistas de campo, que cumplan con periodos específicos de tiempo (seis años), irrenunciables en el cargo, solo transferible a su sucesor legalmente electo o en los casos en que sean destituidos por diversos motivos.

En una democracia de tal magnitud, el Poder Legislativo tendrá una función de vital importancia, además de la elaboración de Normas Constitucionales, Leyes y Reglamentos Específicos, también en la elección de funcionarios, y en sancionar los actos deshonestos, con reglas claras de control y vigilancia sobre las instituciones, esto quiere decir que ningún funcionario público o privado contará con el manto protector del Presidente en caso de cometer actos de peculado, esto servirá también para descargar las responsabilidades del Presidente sobre los funcionarios de las instituciones, esto significa:

EL LIBRE DESARROLLO DEMOCRÁTICO DE LAS INSTITUCIONES (LA LIBERACIÓN ADMINISTRATIVA NACIONAL), sin ideologías (sin realidades alternativas).

En un SISTEMA DEMOCRÁTICO DE PARTIDOS, la principal función de los Partidos de oposición, es la de criticar las fallas y errores, a cada paso que da el gobierno en funciones,

ESA ES LA DIALÉCTICA DE LA DEMOCRACIA: BUSCAR
SIEMPRE LA MEJOR OPCIÓN.

A los medios masivos de comunicación les corresponde,
lógicamente, mantener el equilibrio informativo entre las
instituciones, los partidos y el pueblo.

## 32.3. ESTA ES LA PROPUESTA 3X3, ABC, DE INNOVACIÓN PARA LA TRANSFORMACIÓN DEL SISTEMA DE GOBIERNO.

DE LA DIVISIÓN DE INSTITUCIONES ADMINISTRATIVAS
Y DE LOS PODERES DEL ESTADO COMO SIGUE:

1.  EL EJECUTIVO, LA PRESIDENCIA: Representativa,
    Democrática y Humanista; el Presidente electo por el
    voto ciudadano, como Representante de la Nación; con
    autoridad real y moral sobre las Secretarías de Estado,
    Relaciones Exteriores, el Ejército, la Marina Armada y
    la Fuerza Aérea.
2.  EL PODER LEGISLATIVO: Democrático y humanista,
    electo por el voto ciudadano, libre, directo y secreto.
3.  EL PODER JUDICIAL: Democrático y humanista, electo
    por el Poder Legislativo en representación del pueblo.

## 32.4. LOS PILARES MATRIZ 3x3, ABC.

Serán únicamente tres los pilares matriz que sostengan el Nuevo
Sistema Ejecutivo Institucional del Gobierno Democrático
Nacional, y de los Estados y Municipios.

las instituciones "matriz", Rectoras del Sistema Ejecutivo
del Estado, serán las que encabecen el Nuevo Sistema de
Gobierno de Libre Desarrollo Democrático, con Instituciones
Libres, Independientes y Autónomas (Liberación Administrativa
Nacional), con funcionarios electos por el Poder Legislativo en

representación del pueblo, para un periodo de seis años; el objetivo es lograr una mejor articulación de actividades institucionales a nivel nacional, estatal, municipal y comunitario.

El Presidente Democrático Representativo de la Nación, tiene derecho a proponer a los candidatos que ocuparán los cargos en cada una de las instituciones "matriz" y en sus derivadas, alineadas horizontalmente; los nombres de los candidatos deberán hacerse públicos en los medios de comunicación, antes de su elección definitiva por el Poder Legislativo, en representación del pueblo; como se propone en el siguiente ejemplo:

A) LA SECRETARÍA DE GOBERNACIÓN; como representante de la Democracia Política, con el Secretario electo por el Poder Legislativo en representación del pueblo.

B) LA SECRETARÍA DE ECONOMÍA; como representante de la Democracia Económica, con el Secretario electo por el Poder Legislativo en representación del pueblo.

C) LA SECRETARÍA SOCIAL; como representante de la Democracia Social, con el Secretario electo por el Poder Legislativo en representación de pueblo.

Todas las demás secretarías, subsecretarías, direcciones, institutos, comisiones, etc., podrán existir como instituciones afines a su INSTITUCIÓN "MATRIZ", alineadas horizontalmente dentro de sus respectivos lugares: En LA PRESIDENCIAL: Democracia Representativa; en LA DE GOBERNACIÓN: Democracia Política; en LA DE ECONOMÍA: Democracia Económica, y en LA SOCIAL: Democracia Social; a nivel Na cional, Estatal y Municipal.

POR EJEMPLO:

A) EN LA SECRETARÍA DE GOBERNACIÓN (INSTITUCIÓN MATRIZ): estarán alineadas horizontalmente todas las instituciones de orden y disciplina democrática y humanista, incluidas: EL INE, LA

SECRETARÍA DE SEGURIDAD, LOS MINISTERIOS, ETC.; LIBRES, INDEPENDIENTES Y AUTÓNOMOS.

B) EN LA SECRETARÍA DE ECONOMÍA (INSTITUCIÓN MATRIZ): podrán alinearse horizontalmente como instituciones afines, todas las instituciones orientadas a las actividades productivas y comerciales que desarrollan la economía y generan riqueza, incluidas: LA SECRETARÍA DE HACIENDA, EL BANCO NACIONAL, LA SECRETARÍA DEL TRABAJO, EL SISTEMA BANCARIO, INDUSTRIA, TURISMO, AGRICULTURA, GANADERÍA, ENERGÍA, ETC.; LIBRES, INDEPENDIENTES Y AUTÓNOMAS.

C) EN LA SECRETARÍA SOCIAL (INSTITUCIÓN MATRIZ): podrán alinearse horizontalmente como instituciones afines: la Secretarías de Educación, la Secretaría de Salud, Deportes, Alimentación, Vivienda, Agua, Ecología, y todas las de carácter social; LIBRES, INDEPENDIENTES Y AUTÓNOMAS, Y PODRÁN HACER BRIGADAS DE TRABAJO EN EQUIPO PARA REALIZAR ACTIVIDADES SOCIALES ARTICULADAS, COORDINADAS POR LA SECRETARÍA SOCIAL (INSTITUCIÓN "MATRIZ"), SIN PARTIDOS, SIN IDEOLOGÍAS, SIN ESNOBCRATISMO, con el fin de lograr: mayor cercanía con el pueblo y los ciudadanos, simplificación administrativa, mejor coordinación y articulación de actividades, control de calidad de los productos, bienes y servicios que otorguen las instituciones a los ciudadanos, ahorro de dinero, etc.

TODAS LAS INSTITUCIONES ALINEADAS DEBEN SERLO COMO INSTITUCIONES LIBRES, INDEPENDIENTES Y AUTÓNOMAS.

EL OBJETIVO ES LOGRAR UNA MEJOR ARTICULACIÓN Y MAYOR MARGEN DE MANIOBRA DE LAS INSTITUCIONES

MATRIZ. ESTA PROPUESTA ES ENTONCES: DE LIBERACIÓN ADMINISTRATIVA NACIONAL.

Como moción de orden, sería bueno que el Presidente Democrático Representativo y el Poder Legislativo, hicieran la elección de los titulares en línea, esto es, empezar por los ejecutivos de las instituciones matriz, y después las demás instituciones, en las que podrá participar con su opinión el candidato titular ya electo de cada institución matriz.

# 33

# BREVES REFLEXIONES PARA LA DEMOCRACIA

1) La mayor satisfacción para los ciudadanos urbanos y comunitarios, será hacerlos sentir que son partícipes de la educación de sus hijos y de ellos mismos; así como de la transformación y el desarrollo democrático de su comunidad.

*

2) Un sistema participativo de integración Democrática, puede ser un parto (nacimiento, mayéutica), que traiga a la sociedad una nueva conciencia educativa y de gobierno.

*

3) En las ideologías de izquierda, los ciudadanos, son masas proletarias, fuerza de trabajo, objetos del estado; el estado es el único que tiene derecho a pensar, y dicta lo que las masas proletarias están obligadas a pesar sin protestar; las masas que se rebelan o que no se dejan conquistar son sometidas, arrasadas o destruidas, con actos de genocidio o de lesa humanidad.

\*

4) En las ideologías de la derecha, los ciudadanos, son rebaños de pecadores, después de satanizar y criminaliazar (bullying) a todo lo humano, los ciudadanos son juzgados a priori, y son encontrados culpables, y se pasan la vida expiando culpas eternas, culpas que vienen desde antes de nacer y duran más allá de la muerte; el estado es el único que tiene derecho a pensar, y dicta lo que los rebaños están obligados a pensar sin replicar; los rebaños que se rebelan o que no se dejan conquistar son sometidos, arrasados o destruidos, con actos de genocidio o de lesa humanidad.

\*

5) En la democracia sin ideologías, los ciudadanos son personas, organizaciones y sociedades humanas, que tienen valor en sí mismos, con capacidades infinitas de desarrollo personal y comunitario, con derecho a tomar decisiones individuales y de grupo, en actividades económicas, políticas, sociales, intelectuales, culturales; el estado se nutre y organiza con el pensamiento de los ciudadanos y de organizaciones, libres, democráticas, humanistas; los grupos sociales que se rebelan o se niegan a ser conquistados, se les aclara que la democracia no conquista, la democracia libera porque surge desde la profundidad psicológica del pueblo; los ciudadanos y las organizaciones son tomados en cuenta para elaborar leyes actualizadas, con voz y voto de los ciudadanos, en forma democrática y humanitaria.

\*

6) En la democracia sin ideologías se vive en el mundo de la transparencia mental, sin el síndrome hipocondriaco-maniqueo de la diestra y la siniestra. Esas ideologías (realidades alternativas), han cumplido un papel muy importante en la historia de la humanidad. Pero ya es tiempo de evolucionar a otras dimensiones

de la mente democrática en lo social, económico y político. Para avanzar es necesario que aceptemos la nueva dimensión de la mente democrática: la dimensión de la democracia sin ideologías (sin realidades alternativas obligadas).

\*

7) Vamos a hacer un ejercicio de conjugación mental, con el verbo tener: yo tengo mente, tú tienes mente, él tiene mente, ellos y ellas tienen mente, todos tenemos mente; ese es el mundo de la Gran Mente Universal, mundo al que pertenecen todos los seres vivos tangibles e intangibles. Si nos despojáramos de todas nuestras apariencias físicas, lo que quedaría de nosotros es nuestro ser mental, lo que realmente somos, el ser intangible de nuestro propio ser, lo que nadie puede ver pero que existe. Nuestro cuerpo físico, nuestra apariencia tangible, solo es el vehículo de nuestra mente, un vehículo que nos obedece.

\*

8) En los gobiernos paternalistas, los ciudadanos son pasivos, sumisos, indecisos, obedientes, cabizbajos, humillados.

\*

9) En los gobiernos democráticos, los ciudadanos son activos, participativos, cooperativos, altivos, orgullosos, decididos, humildes.

\*

10) Los europeos para estudiar la historia, dividieron el tiempo en Edades, así surgieron para ellos las Edades de: la Prehistoria y de la Historia, este segundo periodo de tiempo abarca aproximadamente un millón de años, tiempo en el que

aparecen sobre la Tierra los seres humanos, incluye la Edad de Piedra, a esta le siguen la Edad de los Metales, la de Bronce, la de Hierro, que abarcan del año 3500 al año cero antes de la Era Actual. En los primeros cinco siglos de la Era Actual surgió un movimiento gnóstico: conocimiento absoluto de la divinidad. Este movimiento fue prácticamente un coctel de ideologías esotéricas especulativas, que tuvieron su origen en Asia y Europa, y se consolidó en el Medio Oriente; de ese periodo surgió como fuerza político-religiosa el catolicismo; con el triunfo del catolicismo todas las demás ciencias gnósticas se convirtieron en ciencias ocultas, con cero tolerancia por parte del clero católico, a ese periodo de tiempo se le conoce como la edad antigua, abarca del año cero al año 476 de la Era Actual, fecha de la caída del imperio romano de occidente y la toma de Constantinopla. Le sigue la Edad Media, del año 476 al año 1453 de la Era Actual, periodo específicamente europeo, dominado por la Iglesia católica, caracterizado por el feudalismo: acumulación de tierras, bienes y riqueza en grupos oligárquicos, que existían junto con el pueblo ignorante, inocente y en extrema pobreza, que se convirtió en campo de cultivo para la peste negra europea, y provocó la muerte del 75% de la población de ese continente en 20 años, de 1334 a 1354. La Edad Moderna abarca del año 1453 al año 1789, es caracterizada por el Renacimiento del pensamiento clásico de griegos y latinos, en Filosofía, Ciencias y Artes; en la toma de conciencia de los Derechos Humanos; la Reforma de la Iglesia Católica con propuestas de Martin Lutero, Juan Calvino y Enrique Octavo de Inglaterra; la invención de la imprenta; la Revolución Francesa; el crecimiento de la industrialización y el comercio; el descubrimiento de América. La Edad Contemporánea abarca del año 1789 al año 1945, se caracteriza por la independencia de los países americanos de la dominación de los países europeos (en lo político sí, pero no en lo ideológico. Los países latinoamericanos y sectores importantes de Estados Unidos y Canadá, siguen siendo colonias ideológicas del Vaticano, con gran influencia en los medios masivos de comunicación, que trasmiten constantemente su ideología; puede decirse que en América estamos viviendo una especie de Edad Media anacrónica, con destellos democráticos cada vez más sólidos, eficaces y eficientes); el surgimiento del comunismo y el socialismo; la explosión controlada de la primera bomba nuclear (1945) en Nuevo México, Estados Unidos.

\*

11) La forma de dividir el tiempo en edades es principalmente europea, pues, por ejemplo, ninguno de los otros cuatro continentes del mundo pasó por la Edad Media; y la historia global se empezó a escribir a partir de la llegada de los europeos al continente americano, en el año 1492, con el primer viaje de Cristóbal Colón, época en la que Europa se estaba empezando a emancipar del catolicismo y del feudalismo y avanzaba en el Renacimiento.

\*

12) Paradójicamente, entre más avanzamos hacia el futuro, más nos acercamos al origen natural del Universo y de los seres humanos; a la conciencia de la Mente Universal, que toma conciencia de sí misma a través de los seres vivos que tienen mente, principalmente los seres humanos, quienes tienen la mayor responsabilidad de cuidar el planeta.

\*

13) A partir de 1945 en adelante, México y el mundo están escribiendo un nuevo capítulo en la historia de la humanidad, que seguramente será un largo periodo democrático global sin ideologías maniqueas (realidades alternativas obligadas); el tiempo nuevo estará caracterizado por un avance vertiginoso en la ciencia y la tecnología en todas las materias, sobre todo en las comunicaciones, la salud, la agricultura, la alimentación, el cuidado del medio ambiente, que ya se percibe desde hoy. La práctica de

las ideologías (realidades alternativas) puede ser sustituida por el estudio y ensayo del mentalismo sin ideologías (sin realidades alternativas), ciencia con la que nos acercaremos también al origen natural de la inteligencia y el pensamiento de la mente humana y su poder curativo en sí misma, y en todos los seres vivos que tienen mente; seguramente en esos estudios se incluirán, además de los seres humanos, las plantas, los animales, las piedras, el planeta y todo el Universo, porque el Universo tiene vida.

*

14) Querer eliminar una ideología con otra ideología (una realidad alternativa con otra realidad alternativa), como lo quisieron hacer Cristo, Marx, Hitler y otros, es prácticamente imposible y desgastante, la única manera de superar a las ideologías (realidades alternativas), es empoderando una democracia científica, la única realidad posible, permanente y eterna, al alcance de la mente humana.

*

15) En *El Arte de la Guerra*, un libro clásico de origen chino, se menciona que los generales que aman a su patria en ocasiones se someten a pruebas extremas con el objetivo de servir a su patria, se camuflan como borrachos, vagabundos, delincuentes, drogadictos, inútiles, homosexuales, pervertidos, malvivientes, como muchas veces se ve en las películas de acción. Misiones que en otras circunstancias delegan en sus subordinados las asumen ellos mismos; lo importante para ellos es mantenerse vivos y libres, en espera de alguna oportunidad de actuar en favor de su patria; cualquier sacrificio es nada, renuncian a los privilegios de las oligarquías; su mayor satisfacción es cumplir con su misión, nada importan los honores y las satisfacciones personales, fa miliares o de rango; su meta es vivir o morir por el ideal de patria que llevan claro en la mente; no buscan ni esperan honores, agradecimientos,

reconocimientos, lo único que quieren es ser, por el solo hecho de ser; hay que dejar a las oligarquías gobernantes y a sus ideologías vivir sus falsas ilusiones hasta que llegue la luz de la verdad como un relámpago segador para ellos e iluminador para el pueblo, las falsas ilusiones desaparecerán como burbujas de jabón y el paisaje se transformará, tornándose diáfano, claro, iluminado por la conciencia y la razón de un nuevo amanecer, de un sueño en la imaginación hecho realidad, sabiendo que se inicia un nuevo camino de armonía y bienestar para todos; ese mismo libro dice que la mejor guerra, es la guerra que se gana sin pelear.

A los generales y militares de todos los tiempos que han dado su vida por su patria, como Don José María Morelos y Pavón, UN RECUERDO PERPETUO DE HONOR Y DE RESPETO.

*

16) Histórica y moralmente los dueños verdaderos del Continente Americano son los pueblos indígenas ORIGINO-AMERICANOS de este continente, despóticamente llamados indígenas; por derecho de antigüedad, por haber sido los primeros en poblar esta parte del mundo, por haberse desarrollado de manera económica, política, social, espiritual, cultural en estas tierras, por eso y por mucho más, a los ciudadanos ORIGINOAMERICANOS les asiste el derecho de antigüedad de ser los propietarios del Continente Americano; por lo tanto, los beneficios de la ciencia y la tecnología aplicados a los sistemas democráticos en la economía, la política y lo social, les pertenecen por igual sin distinciones de raza, religión o nivel económico; los ORIGINOAMERICANOS, como todos los ciudadanos americanos, son iguales en derechos democráticos.

*

17) Desde que se inventó el presidencialismo y el sistema electoral del voto directo de los ciudadanos para nombrar representantes, se ha buscado la manera de que el Presidente ejerza su cargo

obedeciendo la voluntad democrática del pueblo, sin embargo al cargo de Presidente se le ha confundido y se le ve como un similar de autócrata, incluso hay quienes le dicen patrón y más comúnmente mandatario, y la verdad es que los términos se confunden, pues por una parte el Presidente sí puede ser patrón y mandatario del personal que trabaja directamente a su servicio, incluyendo a los de su comunicación social, pero no puede ser patrón ni mandatario del pueblo, ese concepto estaría más cerca de ser una dictadura fascista, corporativista, o de ser un cacique feudal, en donde el Presidente actúa como dueño de las tierras y vidas del país; lo más grave es cuando se le confunde con un Emperador con sicarios conquistadores sanguinarios, que luego dicen que nos conquistaron para salvarnos del gravísimo pecado de ser simples mortales, llenos de culpas, porque nos reproducimos con perversos actos sexuales como cualquier animal sensual.

En un sistema democrático, representativo, el Presidente sí representa al pueblo y a la Nación, pero no es su dueño, ni su patrón; de esta reflexión surge la necesidad de aclarar cuáles son los términos y lineamientos para las funciones de un Presidente Democrático Representativo Nacional, sin caer en el presidencialismo patronal (esnobcrático).

En un nuevo Sistema de Gobierno sin presidencialismo, lo que se necesita es que la Institución Presidencial Democrática Representativa, y las demás Instituciones Administrativas Democráticas de Gobierno, sean entre sí libres, independientes y autónomas; la autoridad real y moral que ejerza el Presidente sobre las demás Instituciones se derivará de las actividades laborales coordinadas del Presidente con las Instituciones en beneficio de la Nación y de los ciudadanos, y de la supervisión y vigilancia que el Presidente haga sobre las Instituciones, para el control de calidad democrático de los productos, bienes y servicios que las Instituciones otorgan al pueblo, incluyendo también la vigilancia de los actos de corrupción y peculado.

*

18) DEFINICIÓN CIENTÍFICA DE LA DEMOCRACIA: la democracia es una ciencia jurídica que fundamenta y sustenta los derechos y obligaciones de los ciudadanos en sus tres líneas fundamentales: económica, política y social.

A) LA DEMOCRACIA ECONÓMICA, fundamenta y sustenta los derechos y obligaciones de los ciudadanos en relación a la propiedad de la tierra y los productos del subsuelo, los ríos, mares, lagunas, el espacio aéreo, así como de los productos, bienes y servicios, resultados del trabajo intelectual y físico de los ciudadanos.

B) LA DEMOCRACIA POLÍTICA, fundamenta y sustenta los derechos y obligaciones de los ciudadanos para su libre participación en la organización del Estado y de las Instituciones a nivel Nacional, Estatal, Municipal y Comunitario.

C) LA DEMOCRACIA SOCIAL, fundamenta y sustenta los derechos y obligaciones de los ciudadanos en la participación de los productos, bienes y servicios otorgados por el Estado y los particulares, como son: derecho a la salud, alimentación, vivienda, educación, ciencia, tecnología, seguridad, cultura, limpieza, ecología, esparcimiento, deporte, derechos civiles, derechos humanos, trabajo, remuneración, transporte, comunicación, agua, luz, drenaje, sustentos, etc.

\*

19) EL SISTEMA 3X3, ABC, DE LA DEMOCRACIA, DEBE GARANTIZAR:

A) El libre desarrollo democrático de la Nación, de los Estados, de los Municipios y de las Comunidades, en actividades económicas, políticas y sociales, sin ideologías.

B) El libre desarrollo democrático de las Instituciones Públicas y Privadas, en actividades económicas, políticas y sociales. Entendiéndose en este caso la política como el Arte de Gobernar sin Ideologías ni Partidos.

C) El libre desarrollo de la personalidad democrática de los individuos y de las familias en sí mismas y en actividades económicas, políticas y sociales.

En un sistema democrático sin presidencialismos, sin partidismos, sin ideologías (sin realidades alternativas, sin esnobcratismo), el Presidente tiene derecho a coordinarse con las Instituciones en tareas de trabajo específicas de acuerdo con la especialidad de cada una de ellas, en beneficio de los ciudadanos y de la Nación.

También tiene derecho, en representación del pueblo, a supervisar y vigilar el control de calidad de los productos, bienes y servicios que las Instituciones ofrecen a los ciudadanos, y reconocerles su eficiencia y eficacia o sancionarlas en sus errores y fallas; este concepto expresado en otras palabras significa que el Presidente en funciones no es responsable directo de lo que hagan las Instituciones, pero sí es responsable de vigilar el control de calidad democrático de los productos, bienes y servicios que las Instituciones otorgan a los ciudadanos, esta vigilancia incluye los actos de peculado, para eso el Presidente cuenta con el apoyo de los Poderes Legislativo y Judicial, y específicamente de la Fiscalía especializada.

Los Estados, los Municipios y las Comunidades, pueden ajustar sus sistemas de Gobierno a este mismo esquema de administración pública, y coordinarse con las Instituciones Nacionales, para articular sus actividades, lo que permitirá hacer realidad los Proyectos Institucionales en todo el territorio nacional.

Las Instituciones Públicas Nacionales, las Estatales, las Municipales y las Comunitarias, no deben confundir la articulación, coordinación y colaboración con la competencia, porque LAS INSTITUCIONES NO COMPITEN, LAS INSTITUCIONES COLABORAN y se articulan de manera multidisciplinaria, en programas de beneficio comunitario. Los Ejecutivos en los cuatro niveles de instituciones de gobierno deben ser profesionistas con un alto grado de disciplina administrativa, para aterrizar correctamente los programas, productos, bienes y servicios en los consumidores finales.

En resumen, el Presidente como representante del Pueblo y de la Nación, tiene derecho a informar y ser informado de las actividades que realizan las Instituciones Públicas y Privadas, a vigilar y supervizar el control de calidad democrático de los productos, bienes y servicios que ofrecen las mismas, esa es la principal función del Presidente en un Sistema Representativo Democrático, sin ideologías, sin partidismos, sin esnobcratismos. Al presidente que actúe de acuerdo con el sistema 3x3, ABC, la Nación se lo reconocerá, y si no, se lo demandará.

*

20) Los actos de peculado de los funcionarios deben ser considerados como delitos graves equiparables al genocidio y la traición a la patria, por el daño que causan.

Para lograr esas metas y objetivos, es necesario que las Instituciones se hagan independientes de cualquier tendencia ideológica o partidista que obstaculice o condicione sus funciones democráticas en beneficio del pueblo y de la nación.

La posición del Presidente Representativo Democrático, en un sistema sin esnobcracia, le permitirá tener un punto de vista más cercano al punto de vista del pueblo, y el pueblo tendrá un punto de vista más cercano al punto de vista del Presidente con claridad; lo que el Presidente necesitará será un equipo de asesores especializados en el funcionamiento de todas las Instituciones, para que colaboren con él en la supervisión y control de calidad de los productos, bienes y servicios que otorgan las Instituciones al pueblo y a la Nación.

*

21) En los países democráticos o que aspiran a serlo, los ciudadanos cuando votan para elegir representantes Nacionales, Estatales, Municipales y Comunitarios, lo hacen observando a los candidatos aspirantes, no votan observando ideologías (realidades alternativas), que ofrecen soluciones imaginarias, para problemas imaginarios; los candidatos y sus partidos que creen que los ciudadanos votan por ideologías están totalmente perdidos; los ciudadanos votan por candidatos que les ofrezcan y garanticen soluciones reales a problemas reales y específicos de carácter público, incluso personales; lo que los ciudadanos necesitan para ellos y su Comunidad, su Municipio, su Estado y su Nación, es lo que los motiva a votar, nunca por ideologías; en la democracia electoral se corre el riesgo de que los ciudadanos sean engañados por charlatanes, demagogos, falsos profetas, cínicos, por eso es importante la competencia política transparente, con instituciones transparentes que garanticen la legalidad y transparencia electoral.

En un sistema democrático sin ideologías, los candidatos a puestos de elección popular deben dar una definición científica de la democracia y expresar con sus propias palabras lo que es para ellos la Democracia Institucional.

Los candidatos y candidatas a Presidente de Partido y Presidente de la Nación, deben presentar además de su expediente profesional, un récord de su estado físico, psicológico, cívico, ético y moral, porque en sus manos estará el destino de millones de ciudadanos que necesitan un buen conductor, más que un líder emocional de partido o de ideología.

Los gobernantes deben ser respetuosos de su tiempo de gobernar, permitiendo que surjan nuevos Conductores Democráticos Institucionales, porque el no hacerlo sería bloquear el derecho al Libre Desarrollo Democrático de la Nación.

*

22) Ni los padres y madres de familia, ni sus hijos e hijas están obligados a exhibir públicamente o jurídicamente sus actividades

sexuales, si estas les son satisfactorias, solo podrán hacerlo si ellos mismos lo juzgan conveniente, por ejemplo cuando las actividades sexuales sean resultado de abusos, violencia, chantaje, venganza, amenazas, sometimiento, falsas promesas, explotación económica, o de cualquier acto involuntario y perjudicial que atente contra la seguridad física y emocional de las personas involucradas, en este punto podrían darse casos en que los adultos también puedan quejarse por las mismas agresiones y abusos de menores contra adultos, esto es poner en la balanza de la ley todas las posibilidades de actuación en las que existe necesariamente la presunción de inocencia.

En estos juicios deben incluirse penalidades en contra de quienes manipulen a las partes para que mientan, difamen, escandalicen con fines de lucro económico o de desprestigio social, laboral, político, como pueden ser los jueces, los abogados, los testigos, los medios de comunicación, los policías, los agentes ministeriales, los familiares, los conocidos, las amistades.

Los niños, las niñas, los adolescentes, los jóvenes y los adultos, tienen derecho a ser informados para que se prevengan de embarazos no deseados, de las enfermedades de contagio sexual, de las malformaciones hereditarias congénitas por embarazos entre familiares. Los jóvenes y los adultos tienen derecho a la libre convivencia sexual informada, voluntaria y satisfactoria, esto permitirá disminuir la sexualidad abusiva, el comercio sexual o tráfico sexual (explotación sexual, trata de blancas). En un sistema familiar democrático deben dejar de satanizarse y de penalizarse: la bigamia y la diversidad familiar que, en la realidad, históricamente, las familias siempre han sido más extensas que en la forzada, tradicional, conservadora, y en muchos casos frustrante monogamia; lo recomendable es la monogamia como prevención de enfermedades de contagio y de una mejor estabilidad emocional, pero cuando los vínculos monógamos se rompen o se agotan, debe existir la posibilidad de ampliar los vínculos familiares sin abandonar el vínculo original en beneficio de los descendientes, esto es el libre desarrollo de las familias. Lo más importante en las relaciones sexuales es el amor, el cariño, la comprensión, el compañerismo, la complicidad pasional, la cooperación, la limpieza, la asociación. Los adolescentes que inicien su actividad sexual en cualquier circunstancia, tienen derecho a ser amados, respetados, comprendidos, atendidos y apoyados en sus necesidades de educación, vivienda, sustento, respeto a su privacidad, su voluntad de superación personal; un sistema jurídico familiar democrático debe apartarse de ideologías (realidades alternativas) satanizantes, criminalizantes y centrarse en la realidad familiar extensa y sana, aceptada psicológica y moralmente dentro de la libre determinación democrática de la familia y la sociedad.

La edad para la unión matrimonial libre o jurídica, debe mantenerse en 14 años para la mujer y 16 años para el hombre, aumentar el número de años a esas edades solo significa aumentar el número de presuntos delincuentes sexuales, lo cual se convierte en negocio multimillonario de abogados, jueces, ministerios públicos, policías, tratantes de blancas, periodistas de nota roja, amarillistas, mojigatos, en perjuicio de los derechos humanos de los jóvenes; les enajena el libre desarrollo de su personalidad, les destruye su autoestima, les provoca psicosis, neurosis, desviaciones, manías y todo tipo de desequilibrios emocionales. Las escuelas de nivel medio deben adaptar sus sistemas de enseñanza a esa realidad social de carácter sexual de los jóvenes. Los padres y madres de familia también deben adaptarse a esa realidad familiar, y sobre todo tratar los temas de la sexualidad de los jóvenes desde un punto de vista puramente científico, para la prevención de verdaderos delitos sexuales, como son las agresiones físicas y emocionales; prevenir enfermedades de contagio sexual y los embarazos no deseados. Los jóvenes deben actuar totalmente informados y conscientes de sus actos en materia de reproducción y contracepción humana, evitando la mojigatería personal, familiar, social y la oficiosa (mojigato es el que se asusta con su propia sombra o que solo ve la paja en el ojo ajeno y no ve su propia enajenación).

*

23) Todos los seres humanos, hombres y mujeres, tenemos dentro de nosotros una parte metafísica, que incluye todos los elementos de nuestra mente y nuestro espíritu, que no se ven pero que existen, y que adquirimos de manera natural desde el primer instante de la concepción, en el vientre de nuestra madre, mismos que nos acompañarán toda nuestra vida, como nuestra huella digital; somos únicos, auténticos, irrepetibles, ningún ser humano es exactamente igual a otro, aunque la semejanza sea tan parecida como la de los gemelos, los trillizos, los clones, etc., ninguno es exactamente igual a otro, ese es el milagro de la vida, todos tenemos un enorme parecido pero no somos iguales, cada uno de nosotros somos irrepetibles, nuestras particularidades nos hacen diferentes.

*

24) Las ideologías son esnobismos de superioridad de una persona sobre otra persona o de un pueblo sobre otro pueblo; quienes promueven las ideologías se asumen a sí mismos como poseedores de una verdad superior inalcanzable, a la cual psicológicamente se le llama megalomanía, estas personas dicen tener en exclusiva una gran idea espiritual, misteriosa, súper poderosa, capaz de hacer las más grandes maravillas y beneficios para quienes les crean, pero esa supuesta idea espiritual superior también puede causar los más graves daños, incluso la muerte, a quienes no la crean; ese tipo de ideas son ilusorias, maniqueas; se dicen bondadosos y al mismo tiempo son crueles, capaces de matar a quienes se les opongan.

Todas las ideologías (realidades alternativas) tienen un brazo armado, con el que imponen por la fuerza, bajo amenaza de muerte, sus creencias y dogmas, esa es su forma de conquistar y doblegar la voluntad de los pueblos y ciudadanos.

Vicente Riva Palacio y Manuel Payno, autores de *El libro rojo*, publicado por Editorial Offset, en la Colección Testimonio, en 1983, mencionan textualmente en el título *"Los dos enjaulados"*, lo siguiente: "Los mexicanos recién convertidos eran los primeros y más solícitos en acudir a la misa; y era que había castigo de azotes para el que faltase". Los castigos fueron impuestos por Hernán Cortés para someter a los ciudadanos originarios de América y también a los españoles que lo acompañaban, incluso Hernán Cortés se manifestaba como un gran dramaturgo de su religión, para apantallar a quienes lo observaban.

Por ejemplo, la virginidad de las Vírgenes y la castidad de los Santos, como sinónimo de pureza, verdad, belleza, bondad, honestidad, honorabilidad, honradez, son paradigmas dogmáticos, frígidos, castrantes, enajenantes, psicóticos, traumatizantes, alucinantes, que vienen de la imaginación y no de la realidad natural; son realidades alternativas, paralelas a la realidad humana; son ideas que no admiten discusión, y se aceptan a ciegas; quienes dudan son discriminados, mal vistos y ponen en peligro su vida, pues los dogmas pueden llevar a adicciones fanáticas, alucinantes, paranoicas, esquizofrénicas, que provocan efervescencias emocionales alucinógenas adictivas.

Las personas adictas a las ideologías pueden sufrir de vacíos emocionales, igual que los adictos al alcohol, el cigarro y las drogas. En algunas celebraciones públicas y privadas se utilizan los ritos como parte de la celebración emocional; hay personas que sin ritos no aceptan ninguna celebración, pues es como si les faltara satisfacer alguna adicción. Esa situación adictiva es la que ha llevado al Estado Mexicano a permitir la libertad de cultos, lo que no significa que el Estado deba participar en la adicción de los cultos o que los cultos adictivos tengan que participar en el Estado.

Cuando el Estado se mezcla con ideologías, pueden provocarse choques sociales, como sabemos, por los medios de comunicación, que sucede en otras partes del mundo, por eso los temas religiosos deben tratarse con mucha diplomacia. México ya pasó por un periodo difícil después de la Revolución de 1910, con la guerra de los cristeros en 1927, que concluyó en dejar al Estado separado de cualquier culto, reafirmando lo iniciado por el Presidente Benito Juárez.

Los aztecas y todas las naciones originarias de América también tenían su libertad de cultos, aunque al parecer, según documentos históricos, eran rituales extremos a los que se oponía Quetzalcóatl.

Algunas ideologías satanizan todo acto de unión entre lo masculino y lo femenino, esa es una distorsión de la realidad; satanizar lo humano es una forma de denigrar todo lo humano, de esa manera se destruye la autoestima de las personas y se hacen vulnerables al sometimiento ideológico.

La impotencia del pueblo, de hacer valer su capacidad intelectual, es la base del poder de las ideologías (realidades alternativas). El ejemplo de la impotencia intelectual humana está en los personajes mitológicos que son despojados de su carácter divino por atreverse a pensar y conocer la ciencia del bien y del mal, esto es por dejar de ser ignorantes de su capacidad intelectual y haber adquirido conocimientos que solo pueden estar al alcance de los dioses, esto es por haber adquirido conocimientos humanos.

En las ideologías, los hombres y las mujeres que no cumplen con los parámetros de mantener su pureza sexual, resultan culpables, son pecadores y deben pasar toda su vida expiando culpas, por la imposibilidad que tienen para conservarse puros, como aquellos seres paradigmáticos, que vienen de lugares muy altos, prácticamente de lugares de otros planetas llamados paraísos, habitados por seres que se reproducen sin contacto sexual, inalcanzables para los simples mortales terrenales pecaminosos, que se reproducen con vulgares actos sexuales como cualquier otro mamífero.

La gente está tan necesitada de cariño que se aferra a cualquier ilusión que les prometa amor, salud y riqueza, o que les despierte la conciencia de estar vivos, eso es lo que hace que las ideologías se fortalezcan, con promesas imaginarias, alucinantes, de amor, de paz, de salud, de bienestar, de prosperidad, de eternidad, aunque solo existan en la imaginación.

En la democracia sin ideologías, los seres humanos pueden lograr estabilidad emocional y todo lo bueno que quieran con el poder infinito de su mente metafísica pero de manera real, natural, con la voluntad puesta en propósitos indeclinables de alcanzar y mantener el bienestar propio y el de los demás, porque todo lo que queremos de la vida está en nuestra mente, y para alcanzar todo lo que queremos solo hay que utilizar la voluntad de la mente.

En la democracia se pueden lograr beneficios de amor, salud y riqueza, con ejercicios de automotivación psicológica, esto es a través de una metafísica positiva que transforme los pensamientos en realidades tangibles, concretas y específicas.

Entre más ignorante es el pueblo de su infinita capacidad intelectual, más fácil es dominarlo con culpas imaginarias, pues se les puede inducir en la mente fantasías con las que se les atemoriza y se les adormece la conciencia, la razón, la inteligencia, el entendimiento, y se les llena la mente de fantasías de miedo, a eso se llama metafísica negativa o cabuleo, que significa: astucia, ardid, engaño, para obtener beneficios personales (de acuerdo con el Diccionario de la Lengua Española).

Como solución diplomática de entendimiento entre las ideologías y el Estado, este ensayo se adhiere a los principios de independencia, libertad y autonomía, entre el Estado y las ideologías.

*

25) En todas las épocas de la humanidad, desde que surgieron la hipocresía y el cinismo, existe un tema recurrente en todas las tramas de la vida real y literaria, ese tema se ha conservado y es llevado al teatro, las telenovelas y a la pantalla cinematográfica. El tema se muestra en la trama magistralmente expuesta en la película *Ahí está el detalle*, de Cantinflas, y se basa en el arte de mentir: yo miento, tú mientes, él miente, ellos y ellas mienten, todos mentimos. La mentira es el método más recurrido para evadirse de la realidad, tanto en la vida real como en la literatura, de ahí viene el éxito de las ideologías (realidades alternativas). El arte de engañarse a sí mismos y a los demás es la historia

de la humanidad. El tiempo de despertar de esa ensoñación de falsedades está llegando con una democracia amable y una realidad transparente.

Existe una línea filosófica esotérica de pensamiento que dice que en la sociedad todo está al revés, y la pregunta es: si todo está al revés, ¿por qué no lo enderezamos?, o ¿por qué lo aceptamos sin protestar?, o es que nos hemos acostumbrado tanto a vivir en el mundo del revés, que nos cuesta trabajo enderezar el mundo, o de tanto acostumbrarnos a vivir en el mundo del revés, nos asusta y nos confronta enderezar las cosas. Esta reflexión no es menor si la analizamos con profundidad y con seriedad; como ejemplo basta una reflexión sencilla, se nos ha dicho que Dios hizo a los seres humanos a su imagen y semejanza, pero que pasa si invertimos el concepto y lo ponemos al revés, esto es, que los seres humanos hemos creado a Dios a nuestra imagen y semejanza, este concepto nos puede llevar a reflexionar sobre las muchas cosas que nos hemos acostumbrado a ver al revés o que se nos ha educado para verlas al revés. El ejemplo sobre la concepción de Dios es sencillo, pero podría llevarnos a debates y reflexiones sin fin. ¿Dios nos creó a nosotros o nosotros creamos a Dios?; la pregunta es como la que dice: ¿qué fue primero el huevo o la gallina?; la respuesta pude ser sencilla, pues, necesariamente, primero fue el huevo del que nació la gallina; el verdadero problema es resolver como se formó el primer huevo, y la respuesta podría ser la más común, la de que toda manifestación de vida se originó por el plasma producido en el mar, porque la vida viene de los mares, ríos y lagunas en donde se juntan todos los elementos químicos existentes en la tierra y que al unirse y combinarse producen vida. Las demás preguntas y respuestas pueden ser infinitas e interminables, tantas como para llenar todas las bibliotecas del mundo.

*

26) Ganar el suficiente dinero para llevar una vida desahogada de problemas económicos, puede resultar sumamente difícil. Los

gastos diarios para la mayoría de las personas absorben el poco
dinero que ganan, y a eso se le suma que a algunas personas
les gusta demostrar con gastos superfluos lo mucho que ganan
(aunque sea poco), cuando tienen la fortuna de ganar un poco
más que los demás, o sea que por presunción actúan en sentido
contrario a la razón, a lo que deben realmente de hacer, y creen
que gastando mucho dinero demuestran que son ricos, y hasta
dan exageradas propinas en restaurantes, o gastan su dinero en
lugares en donde los productos, bienes y servicios se los dan al
doble o al triple, y en ocasiones a un precio hasta diez veces o
más, mayor a su precio real; y la verdad es al contrario, no es más
rico el que gasta más sino el que ahorra más. Las personas que
aprenden a ahorrar, con el tiempo pueden convertirse en pequeños
inversionistas de su propio negocio; pueden empezar con pequeñas
inversiones y poco a poco aumentar su inversión hasta convertirse
en medianos inversionistas, con la posibilidad de aumentar su
capital y pasar a ser grandes inversionistas; esos son algunos de
los secretos del dinero, primero hay que aprender a ahorrarlo y
después aprender a invertirlo, no hay que comerse las ganancias,
hay que aprender a manejarlo como una herramienta de trabajo y
no como un instrumento de vanidad, de nada sirve utilizarlo para
causar envidias en los demás. Los gastos excesivos solo pueden
llevar a la quiebra, de lo que hay muchos ejemplos incluso a nivel
de países. Los países ricos son los que han aprendido a invertir su
dinero; los países pobres son los que únicamente saben gastar su
dinero, sumándole a eso la corrupción y el peculado improductivos.

La solución a los problemas económicos no está en apartarnos
de la sana convivencia y festividad, más bien se trata de aprender
a administrar correctamente nuestros gastos en festividades,
vacaciones, viajes, placeres, gustos, convivencias. Todo lo que
significa gasto de tiempo y dinero en ferias, parrandas, shows,
pachangas, conciertos, parrilladas, en la propia persona o con
amistades, son gastos costosos, porque las amistades cuestan, y
son aportaciones que aunque pueden ser muy satisfactorias, son
improductivas. Hay que evitar posibles crisis económicas con

quiebras, por la obligación de pagar, como le pasó al matrimonio formado por Juan y María, quienes para festejar los quince años de su hija Brenda, se gastaron todo lo que tenían ahorrado y pidieron algunos prestamos, que tuvieron como resultado: la pérdida de su pequeño patrimonio, la pérdida de su casa y, lo peor de todo, terminaron divorciados.

Que los niños aprendan a ahorrar, también es educarlos para que en el futuro en lugar de gastar su dinero solo en pasatiempos, aprendan a ser inversionistas de sus propios negocios, esto lo pueden aprender los niños y las niñas como un juego, que es la mejor manera de aprender.

Por otra parte, el dinero también es motivo de muchas ambiciones y envidias, por eso quienes lo tienen deben aprender a aparentar que no lo tienen, esto es, que tienen que aprender a ser humildes con su riqueza ante los menos afortunados económicamente.

La solución de los problemas económicos no está solo en la cantidad y en la forma de ganar el dinero, sino también en la cantidad y forma de gastarlo, y sobre todo en las dos cosas más difíciles de aprender: la primera es aprender a ahorrarlo, y la segunda es aprender a invertirlo para obtener utilidades con el propósito de aumentar el capital de cualquier tamaño que sea. El secreto está en no comerse las ganancias.

*

27) Todo en la vida de los seres humanos es cíclico, esa es la constante de la vida diaria, pero estamos tan acostumbrados a esos ciclos que muchos no concientizamos cómo suceden. Lo que necesitamos es concientizarnos y educarnos en nuestros ciclos vitales, para vivirlos con sentido de responsabilidad y superación. Educar a niños y niñas, adolescentes y jóvenes en sus ciclos vitales es prepararlos para que sean adultos responsables, sanos y comprometidos con su futuro. Los ciclos diarios inevitables son la alimentación, el aseo personal, el orden y la limpieza en el

hogar, la educación, el descanso, la actividad, y para todo eso se necesitan recursos económicos. Los niños y niñas, adolescentes y jóvenes, pueden aprender a hacerse responsables de sus ciclos vitales en forma de juegos participativos hogareños, para que se familiaricen con esas responsabilidades y prepararlos para su vida adulta, induciéndolos a que se hagan responsables de pequeñas actividades de acuerdo con su edad y que se acostumbren a cumplirlas con sentido de satisfacción.

*

28) Ningún ser humano puede ser Dios para otros seres humanos, ni por muy inteligente, espiritual o profético que sea, porque el Ser Metafísico del Universo no puede particularizarse a ser un solo ser humano con la finalidad de someter a los demás seres humanos, poniéndolos a su servicio; sin embargo, podemos concientizar que existe una parte metafísica en todos los seres humanos y en todas las cosas materiales, entendiéndose por metafísica lo que no podemos percibir con nuestros sentidos, pero que existe; esa parte abarca el pensamiento, la inteligencia, los sentimientos, nuestra fe, nuestro espíritu, nuestra energía de vida, eso es metafísica y es a lo que podemos llamarle nuestro Dios personal; y existe así como existe nuestra mente, y se encuentra dentro de todos los seres materiales, especialmente en los seres humanos. Por lo tanto, el Ser Metafísico Universal no puede ser secuestrado por nadie, como si fuera un gigante sin voluntad al servicio de alguna persona, o de un grupo o Nación, para que actúe en su beneficio particular sobre las demás personas o las demás Naciones, como si Dios fuera un titiritero al que se le puede encarcelar para obligarlo a mover caprichosamente los hilos en la vida de los seres humanos, haciéndolos actuar como marionetas.

La mejor idea que podemos tener de Dios, es la de verlo como nuestra parte espiritual natural, como nuestra metafísica personal que adquirimos por nacimiento y que podemos percibir en todo lo que tiene metafísica dentro de nosotros mismos y en los demás, como nuestros pensamientos, nuestros sentimientos, nuestra mente, nuestra energía vital, nuestra fe positiva en nosotros mismos, nuestras facultades para decidir y actuar.

Por deducción si el espíritu humano existe, entonces hasta los ateos tienen una parte espiritual que los conecta con lo sublime, que es el yo de sí mismos, su propia personalidad, su mente, su energía vital, su facultad de discernir, su fe positiva en sí mismos, es su parte metafísica dentro de ellos, entonces tienen una parte sublime dentro de sí mismos, aunque no lo crean; en realidad lo que los ateos quieren decir con su actitud es que no aceptan las realidades alternativas imaginarias que ofertan y capitalizan las ideologías.

Para que nuestro espíritu personal actúe en nuestro favor, lo único que necesitamos es tener una fe positiva en nosotros mismos; a nuestro espíritu no lo podemos ver ni sentir, solo lo podemos presentir o intuir, pero existe y ahí está al pendiente de nosotros, como un fiel amigo junto a nuestros pensamientos, uniéndose a ellos. Nuestro espíritu existe y tiene vida propia, es como nuestro corazón en el sistema circulatorio sanguíneo, nuestros pulmones en el sistema respiratorio o nuestro estómago en el sistema digestivo, que actúan libremente en nuestro favor; nuestro espíritu actúa de acuerdo con nuestros pensamientos que lo alimentan; al espíritu humano propio solo lo puede invocar individualmente cada persona que lo lleva de nacimiento; por tanto, el espíritu democrático debe estar bien dirigido a la superación personal y de la comunidad a la que se pertenece.

29) El periodismo es una de las actividades más riesgosas, sobre todo la de los corresponsales de guerra y de nota roja, los periodistas que ejercen esa línea de periodismo deben tener todas las precauciones posibles. Igual que en muchas otras profesiones que implican peligro, como los electricistas, los paracaidistas, los bomberos, los que manipulan productos químicos peligrosos o que generan radiactividad, los que trabajan en laboratorios con enfermedades de contagio, los periodistas además de tomar

las precauciones necesarias de su profesión también deben reconocer sus límites. Los periodistas tienen derecho a conocer la verdad histórica de los hechos y hacerlos públicos, pero no deben tomar el papel de agentes ministeriales acusatorios, parciales, discrecionales, persecutorios, de acosar, de halcones, de paparazzi de nota roja, de amarrar navajas, o de promover noticias falsas, amarillistas o supuestas, con el fin de obtener beneficios económicos o notoriedad; rebasar esas líneas es lo que los pone en peligro, además de que se dan casos en los que no cuentan con el equipo de protección necesario para rebasar sus límites. A ninguna empresa periodística le gusta perder a uno de sus colaboradores; posiblemente, en la mayoría de los casos, quienes se arriesgan a ir más allá de los límites de su profesión lo hacen por cuenta propia. Los periodistas deben tener conciencia de que una cosa es investigar la verdad histórica de los hechos para publicarlos, y otra es convertirse en actores de los hechos. Los periodistas que quieran involucrarse en los acontecimientos, pueden hacerlo si esa es su convicción, pero tendrán que hacerlo por cuenta propia y hacerlo solo si cuentan con el equipaje de protección necesario, de lo contrario lo mejor es mantener una sana distancia de los hechos, porque más vale un periodista vivo que un suicida.

*

30) En la vida moderna existe entre los medios masivos de comunicación y la sociedad una especie de cuerpo metafísico, conformado con las ideas, pensamientos y sentimientos generados por la información que se nos trasmite como realidad de los hechos; es decir, que existe un contacto intelectual más allá de lo directamente físico; por ejemplo, en las campañas políticas, la mayoría del pueblo no conoce directamente a los candidatos, solo existe una idea de quiénes son y cómo son, en base a lo que los medios de comunicación nos informan de ellos, entonces se crea un cuerpo metafísico entre los medios de comunicación y el pueblo,

compuesto de ideas, pensamientos y sentimientos; el pueblo se convierte en un reflejo de los medios y los medios se convierten en un reflejo del pueblo; si nos ponemos a reflexionar un poco nos daremos cuenta de que estamos rodeados de metafísica informativa en muchos sentidos, y con esa metafísica nos formamos ideas de lo que consideramos que es la realidad; lo difícil de esa realidad es cuando se trasmiten noticias falsas, entonces resulta que todo es relativo en la realidad de los hechos; en conclusión, como dice Immanuel Kant, la verdadera realidad es escurridiza. Kant llega incluso a negar que la verdadera realidad exista. El recurso que nos queda entonces es aferrarnos a los valores cívicos, éticos y morales establecidos por la sociedad.

En generaciones pasadas y en gran parte de los *millennias*, todavía se aferran a principios ideológicos (realidades alternativas); en las generaciones avanzadas y del futuro, se aferrarán a principios democráticos puros y científicos. La democracia pura está más cerca de los problemas reales y de las soluciones reales de la sociedad.

*

31) Los países latinoamericanos, con la conquista fueron sometidos y acostumbrados a ser subordinados, pero siempre han estado pendientes de su libertad. Alguien, en algún lugar, en algún momento, deberá decirle con todo respeto al Papa del Vaticano y a todos los representantes de ideologías, que los mexicanos queremos emanciparnos de la tutela de ideologías paternalistas, que queremos vivir sin ideologías (SIN REALIDADES ALTERNATIVAS). Esto no tiene nada de malo, pues es como cuando los hijos crecen y se separan de su padre y de su madre, para empezar a vivir su vida propia, con el libre desarrollo de su personalidad democrática, con sus propias facultades intelectuales, con su propia mente y sus propios recursos; el hecho de que los hijos se separen del padre y de la madre no los convierte en enemigos; por el contrario, pueden ser más amigos que nunca, simplemente lo que sucede es

que los hijos empiezan a vivir su vida propia y a no depender de nadie para mantenerse de pie; comienzan a tomar conciencia de sí mismos, con sus propias ideas, pensamientos, razonamientos, imaginación, sentimientos, para discernir sobre el bien y el mal, el origen del mundo, de los hechos y de las cosas, y a tomar lo mejor de la vida en su provecho, con recursos obtenidos a través de su propio esfuerzo físico y mental.

Cuando nos ofrezcan pertenecer a alguna ideología (realidad alternativa), basta con decir: "no, muchas gracias, estoy bien así, con mi mente libre para decidir sobre mi destino y el de mi país". No es necesario entrar a participar en realidades alternativas, que juegan al todo o nada, en las que el pueblo siempre sale perdiendo; más vale una democracia participativa, con conciencia de destino cierto en lo económico, político y social, y no una aventura sin destino verdadero.

*

32) Los Presidentes y candidatos a Presidente de una Nación como México, deben tener un alto grado de conocimientos técnicos y científicos, y al mismo tiempo deben ser populares, esto quiere decir que deben ser profesionales de campo, entendiéndose por esto que un Presidente, desde que es candidato, debe tener altos conocimientos técnicos y científicos administrativos sobre el estado democrático, con conciencia democrática, independientemente de su profesión específica, de la que debe ser también un gran especialista, y al mismo tiempo estar entrenado en actividades de campo, junto al pueblo, cerca del pueblo, para sentir y hacer sentir al pueblo que es parte del pueblo y que surge del pueblo, además debe hacerlo con humildad y sinceridad, manteniendo un sano equilibrio profesional.

Los Partidos Políticos deben ser muy cuidadosos a la hora de elegir a sus Presidentes de Partido, pues quien llega a ser Presidente de un Partido Político, automáticamente se convierte en un posible candidato a Presidente de la Nación, y de hecho así debería de ser en la mayoría de los casos, que un dirigente de Partido por derecho natural se convierta en candidato Presidencial, sería lo más sano políticamente hablando, por eso es muy importante la preparación académica y la conciencia democrática, además de la honestidad de un Presidente de Partido.

Los candidatos presidenciales independientes, como los que han surgido en México, la tienen más difícil, pues no cuentan con una Plataforma Política Electoral, por lo que se convierten en una especie de Quijotes en medio de un huracán electoral; sería bueno que el Instituto Nacional Electoral les proporcionara mejores recursos de maniobra política.

*

33) La elección de autoridades representativas en México debería de ser gratuita o lo más barata posible, no hay una razón válida que obligue a que las elecciones sean caras económicamente; para darle la vuelta a esa situación, un gasto provechoso en las elecciones sería que, para motivar a los votantes a que acudan a votar a las urnas, se les dé una compensación en efectivo, otorgada directamente por el Instituto Nacional Electoral. Esta compensación (bono) no podría considerarse una compra de voto, pues el requisito fundamental será: que el voto sea libre, directo y secreto, por el candidato que el elector prefiera sin ninguna presión.

El Instituto Nacional Electoral puede hacer esta actividad a través de una oficina especializada, en lugar de que los candidatos y los Partidos Políticos se gasten miles de millones de pesos en publicidad inútil y en algunos casos en comprar el voto de los ciudadanos, con despensas y otros medios que son mal vistos por su carácter manipulador, y para evadir las responsabilidades cívicas, éticas y morales que debe tener un candidato.

Los recursos económicos que se les da a los Partidos Políticos para sus campañas y su subsistencia, se les pueden disminuir al mínimo necesario y suficiente, y el restante presupuesto utilizarlo para un bono en beneficio directo de los votantes, un bono legalmente establecido, de esta manera los electores sentirán que algo ganan con acudir a votar; independientemente de quién resulte ganador en las elecciones, el bono será una compensación por el tiempo y la voluntad de acudir a votar.

Por lo regular los beneficios de acudir a votar no se perciben de inmediato y en ocasiones parece que la elección da resultados contrarios a los esperados por el pueblo, cuando los políticos electos actúan en sentido contrario a lo que se espera de ellos.

Los ciudadanos que acudan a votar y que consideren que no necesitan el bono, lo pueden donar para instituciones de beneficio público, como Teletón, Juguetón o instituciones de salud, cáncer, geriatría, etc.

\*

34) Transformar y hacer de última generación los Sistemas Educativo y de Gobierno, no tiene por qué ser traumático, no hay ninguna razón para jalarse de los pelos, por el contrario, puede ser agradable y hasta divertido, se puede hacer con ejercicios lúdicos democráticos educativos formativos. Este ensayo puede servir de bitácora para que los funcionarios y sus asesores profesionales hagan sus Proyectos Institucionales Específicos, y que los ejecutivos Nacionales, Estatales, Municipales y Comunitarios, haga una compilación ordenada de ellos para darles la forma y estructura correspondientes, y con los resultados se podrán hacer iniciativas de ley para que el Poder Legislativo les otorgue carácter Legal Constitucional. Lógicamente el Gobierno Nacional será el encargado de llevar la batuta democrática. En este momento México está en el punto exacto para hacerlo.

\*

35) El siguiente párrafo es un extracto del pensamiento político del EZLN, dirigido por los Sub Comandantes, Marcos, Tacho, Escudero, Ester, David, Moisés, Galeano... Contra la muerte

| demandamos: | " | la vida. |
| Contra el silencio | " | la palabra. |
| Contra el olvido | " | la memoria. |
| Contra la humillación | " | la dignidad. |
| Contra la opresión | " | la rebeldía. |
| Contra la esclavitud | " | la libertad. |
| Contra la imposición | " | la democracia. |

El EZLN, dice: el Sistema Tradicional Mediático y sus medios tradicionales de comunicación mediáticos, juegan a construir famas mediáticas, para luego destruirlas si no se pliegan a sus caprichos. Su poder mediático es decidir quién y qué exista, a quién elegir y a quién callar.

Necesitamos a alguien que quiera vernos, no hacia arriba, no hacia abajo, que de frente nos vea con mirada compañera (igualitaria).

*A estos pensamientos se les pueden agregar otros como el siguiente: "ante la indiferencia educativa demandamos escuelas, maestros, cultura y educación de excelencia y máxima calidad para todos".*

*Las demandas permanentes y constantes son: libertad, democracia, justicia; la libertad es para el libre desarrollo democratico de la personalidad individual y colectiva; la democracia es sin ideologías y la justicia sin mercantilismo. La verdadera democracia es igual para todos los ciudadanos y para el pueblo en general.*

*

36) El quitar los subsidios a la gasolina en México puede ser bueno, eso ayuda a mantener las finanzas públicas sanas, pero al mismo tiempo para evitar desequilibrios económicos sociales graves, hay que dar también sueldazos frente a los gasolinazos, esto es, mantener el equilibrio en la economía social, de no hacerlo así, se crean boquetes mortales para la economía del pueblo; es indispensable que lo que se ahorra en subsidios, se invierta en sueldos y salarios, que tienen un efecto boomerang para las finanzas del Gobierno. Con una buena ingeniería económica se podrían eliminar o reducir al mínimo la mayoría de los subsidios; con estas acciones se eliminaría o reduciría: la deuda pública, los actos de peculado y la corrupción de funcionarios. Todo se puede hacer por consenso o por mayoría de votos, con una buena comunicación social entre el Gobierno y el pueblo; la fórmula está en mantener el equilibrio económico; los economistas honestos lo saben o lo deben de saber; y sobre todo el Gobierno debe actuar con honestidad. Los medios informáticos actuales (que antes no existían) pueden contribuir a mantener en la lupa social las actuaciones de los gobernantes.

*

37) Los jóvenes estudiantes que terminan una carrera profesional deben aprender a no sobrevaluarse ni a devaluarse como profesionistas, tomando en cuenta que las profesiones son una mercancía de oferta y demanda en el mercado laboral. Un estudiante recién egresado de la Universidad, pasa a formar parte de la oferta y la demanda de trabajo de nivel superior, y si es egresado de Maestría, Doctorado o Cursos de Especialización, tiene mayores posibilidades de empleo, pues disminuye la competencia profesional, eso permite ampliar la oferta laboral. Los empleadores prefieren a los profesionistas de alto nivel de estudios, entre más alto es el nivel de estudios mayor es la demanda de esos profesionistas, eso no

quiere decir que estos profesionistas la tengan fácil, pues la
competencia es igual de ruda en los altos como en los bajos
niveles. Lo importante es que los profesionistas aprendan a ver
su trabajo como una sana actividad deportiva apasionante. Las
oportunidades son iguales para todos, lo que se necesita es
aplicarse y nunca desanimarse por los fracasos; siempre hay
una nueva oportunidad y hay que saberla aprovechar; cuando
una puerta se cierra hay otras que se abren; y los fracasos
ayudan a situarse en la realidad.

*

38) El surguimiento del neoliberalismo económico en los
años sesentas, setentas y ochentas del siglo veinte en México,
fue una rebelión de los jóvenes en contra de la corrupción
endémica del estatismo sofocante totalitario, que bloqueaba
y ahogaba toda iniciativa democrática, económica, social,
cultural, y que se oponía a todo lo que significaba: el libre
desarrollo democrático de los ciudadanos, hombre y mujeres.
Fue un gran movimiento hacia la libertad democrática del
pueblo; desafortunadamente la corrupción y el peculado del
estatismo totalitario emigraron hacia el liberalismo económico
que no pudo sacudirse ese flagelo. Las ideologías izquierdistas
imperialistas, aprovecharon esa situación para adoctrinar
a sus seguidores en la oposición sistemática a todo lo que
significaba libertad: económica, política, social, cultural y
se encargaron de satanizar la palabra neoliberal. Sin enbargo
apesar de los obstáculos que bloquearon el mejor desempeño
del liberalismo democrático, en los hechos se puede decir que
lograron romper con las cadenas del exesivo y sofocante sistema
estatista seudoizquierdista. La gran transformación del sistema
de gobierno que se espera ahora de México y del mundo es:
que se consolide la democracia y que pueda liberarse de la
corrupción y el peculado, esos son los objetivos y metas que

busca la propuesta 3x3 ABC, para gobernar sin ideologías, de este ensayo.

39) Este ensayo, estimado lector o lectora, también puede servir como bitácora a los jóvenes estudiantes y a los adultos que les gusta participar en actividades políticas, económicas, sociales y culturales en las escuelas, universidades y en las comunidades. Los estudiantes de hoy serán los futuros gobernantes de la Nación y seguramente sabrán mejorar en la práctica los conceptos vertidos en esta propuesta de Nuevo Sistema Educativo y de Nuevo Sistema de Gobierno. Los jóvenes innovarán los Sistemas de Gobierno haciéndolos de Nueva Generación, cada vez más ligeros, diligentes, transparentes, eficientes y eficaces.

NO ESPEREMOS A QUE NOS TOMEN
EN CUENTA, TOMÉMONOS EN CUENTA
NOSOTROS MISMOS; LOS QUE CREAN EN
MÉXICO, QUE DIGAN ¡PRESENTE!

# Bibliografía

Contreras, Óscar F., Cristina Puga: *Las ciencias sociales y el Estado nacional en México*; Fondo de Cultura Económica, 2018.

Dan Custer: *La Mente en las Relaciones Humanas, Un Enfoque Moderno*; Compañía Editorial Continental, 1980.

Fulcanelli: *El Misterio de las Catedrales*: Año Cero.

Jo Douglas, Naomi Richman: *Mi hijo no quiere dormir*; Ediciones CEAC, 1987.

Jorge Fernández Menéndez, Edgar González Ruiz, Víctor Ronquillo, Cristina Renaud, Santiago Portilla: *De Chiapas a Colosio. El año que vivimos en peligro*; Historias de fin de siglo; Rayuela Editores, 1994.

Laurence Pernoud: *Espero un hijo*; Javier Vergara Editores, 1989.

Lourdes Múnch Galindo: *Fundamentos de Administración*; Internet.

Luis González de Alba: *Tlatelolco aquella tarde*; Revista Nexos, noviembre, 2016.

Luis Herrera y Montes; Por Ma. Enedina Villegas Hernández, Rubén W. Varela Domínguez; Internet: Cuestionario de intereses y aptitudes.

Mauricio Aldion Gamboa, Walterio Beller Taboada, Heinz Dietrich: *Guía de Investigación Científica*; Universidad Autónoma Metropolitana.

Paul E. Dennison, Gail E. Dennison: *Brain Gym, Aprendizaje de todo el cerebro, Ejercicios originales de gimnasia cerebral*; Editorial Lectorum, 2001.

Paulina Latapí, Concepción Chavéz, Leticia Landeros: *Formación Cívica y Ética 3er. grado*; Mc Graw Hill.

Revista Muy Interesante: *El Tratado de Libre Comercio*, 2017.

Revista Muy Interesante: *Qué quieres ser de grande*, 2017.

Richard De A' Morell: *Tiene usted facultades paranormales*; Editorial Posada.

Rose Mary T. Fruehhling, Edwin L. Herr: *Relaciones Humanas, Un Enfoque Moderno*; Mc Graw Hill.

Sigmund Freud: *Introducción al Psicoanálisis*; Internet, biblioteca virtual, 2006.

Sun Tzu: *El arte de la guerra*; Editores Mexicanos Unidos, 2016.

Werner Wolff: *Introducción a la Psicología*; Fondo de Cultura Económica, 1953.